新金融実務手引選書

財務分析の手引

根岸康夫［著］

一般社団法人 金融財政事情研究会

はじめに

　本書の執筆を始めたのは2023年の10月である。この前年の2022年11月にChatGPT（Generative Pre-trained Transformer）がOpenAI社から無料公開された。

　筆者は1984年に大学卒業後、民間の総合研究所に勤務した。当時、大型コンピュータでCOBOLやFortranといった言語を使ってプログラムを開発していた。インターネットもスマートフォン（以下「スマホ」という）もなかった時代である。

　今日、インターネットとスマホは文字どおり「なくてはならない、手放せないツール」になっている。国境を越え、日常生活、企業活動のみならず、政治にも重大な影響を及ぼす社会基盤になっている。明らかに「社会は改変された」のである。

　これほど大きな変化はもう現れまいと油断していたところに「実用レベルの人工知能（AI：artificial intelligence）」の登場である。筆者は1980年代に第2次人工知能ブームを体験したが、可能性の模索・試作段階で終わり、実用化は「時期尚早」だったと記憶している。

　しかし、その後チェスや囲碁・将棋といったゲームの世界でコンピュータが人間を凌駕し、医療分野の画像診断、自動車の自動運転化など、着々と人工知能の開発は進んでいった。それでも筆者は「いずれ」ではあろうが、「いま、社会の改変が始まる」とは予想できなかった。

　そこにChatGPT等の生成AIの登場である。文章だけでなく簡単な指示により精緻な画像や音楽も作成できるようになった。しかも「一般市民向けに無料公開」というかたちである。2022年、インターネットの登場に匹敵する「社会の改変」が始まったのである。これが私見でないことは社会の反応をみれば明らかである。学校関係者が「ChatGPTの使用禁止・制限」を掲げ、金融機関や自治体レベルではChatGPTを業務に活用することが表明され、米国では脚本家や俳優の労働組合が「職を奪われる」とデモを開始した。

財務データは「書式が統一された数値データ」であり、人工知能以前から「画一的なデータ処理」の格好のターゲットであった。Excel等の表計算アプリに入力すれば古典的な財務比率など瞬時に出力される。そのうえ、蓄積された他社の財務データと比較し、その優劣をレーダーチャート等で表示できる。そこから「類型化されたコメント」が出力されることも、すでに税理士業界の日常業務に組み込まれてきた。

　そこに生成AIが加わる。レーダーチャートの先の作業、「財務分析の文書化」および「自由な質問に対する回答の作成」までが自動化される。これまでもそうであったが「財務比率を計算でき、それを評価できる」だけでは存在意義にはならず、さらに「文書化でき、質問に答えられる」ことの意義すら危うくなる。今後、インターネット上の「非数値データ、定性情報」を含めて自動的に収集し、企業を総合的に評価するようになるだろう。システムの学習が進めばその分だけ精緻化され、その精度・成果はこれまでを大きく上回り続けるだろう。

　このような「大きな改変」に直面している時期に、あらためて「財務分析」をテーマとする書籍を世に送り出す意義を考えざるをえない。

　たとえばスマホには、量子力学の知見が必要なレベルの半導体の集積と、一般相対性理論を前提にしたGPS機能が詰め込まれている。しかし、設計・製造する立場ではなく使用する立場であれば、量子力学・一般相対性理論を学習する必要はなく、マニュアルを読む必要もなく、資格を取得する必要もない。必要なのは「どう使うか、いつ使うか、何に使うか」であろう。

　財務分析も生成AIや統計学の進歩に伴って利用者側にはブラックボックス化が進む。しかし、利用者が深層学習や統計モデリングについて学習する必要はないと思う。

　では今後、何が必要とされるだろうか。現時点での私見は「生成AIの解説を理解できる」こと、次に「何を、どう聞くか」という能力、いわゆる「prompt engineering」である。現時点での生成AIは聞き方によって回答の精度が著しく異なる。本書は「近い将来、生成AIを利用することを想定しながら、どう質問すればほしい回答が得られるか」に役立つことを念頭に

置く。

対象とする読者像

　本書が主たる対象とする読者像は「金融機関に勤め、日商簿記3級レベルの知識と2〜3年の実務経験がある方」である。企業を評価する道具の一つとして財務情報を読み解く方法が主題となる。大学で会計・財務を研究される方のための財務諸表の哲学的な背景（実務でも国際財務報告基準IFRSの解釈には必要になる）や企業の経理部門で実務に携われる方向けの経理処理については解説しない。

中小企業の分析が中心

　本書は中小企業を念頭に置いた財務分析を解説している。上場企業に関しても記述しているが、それは「上場企業の分析方法がそのまま中小企業に適用することが適切とは限らない」ことと、連結決算のように「中小企業には適用されないが上場企業で適用される方法が中小企業評価にも役立つ」ことを解説するためである。

統計的アプローチには踏み込まない

　金融機関として財務データを扱うとき、中小企業全体を扱う統計からのアプローチ（統計的アプローチ）と「個別の企業の経営者と対話する」場面からのアプローチとの2通りが考えられる。

　統計的アプローチとは、たとえば「流動比率は140％を債務者区分の正常先とする」とルール化することで、全体の延滞率を引き下げることを目指す方法である。深層学習を応用した統計モデルが普及しつつある現在、その実用性が高まりつつある。この場合、ルールによってもれてしまう個々の企業への対応は最初からあきらめることになる。

　本書ではもう一方、「個別の企業の経営者と対話する」場面からのアプローチを前提とする。その理由は、統計的アプローチはシステム開発者の担当分野であり、統計的アプローチが浸透した後でも「顧客との対話」は残るため、それこそが営業現場に求められる役割と考えたからである。

Level 1、Level 2 の区分

　解説はLevel 1、Level 2の区分を設けた。読者の学習レベル・経験で「必

ず学習すべきレベル」をLevel 1、「実務に即していつか必要になるかもしれないレベル」をLevel 2とした。Level 1は特に表記せず、Level 2だけ表記することとした。

筆者の体験がベースであること

　解釈やケースの背景に関しては、筆者の実務経験をもとにしている。そのため標準的・一般的な解釈と一致するとは限らない。読者には「こういう解釈・ケースもありうる」程度に受け止めていただけるとありがたい。

どこからでも読み始められる

　本書は「どこからでも読み始められる」ように配慮した。したがって説明や事例が重複することが多い。その点、ご理解を賜りたい。また、本書のテーマ、数値例は、通信講座「決算書とビジネスモデルをもとに経営者と語り合う方法を学ぶ講座」（一般社団法人金融財政事情研究会）の拙著テキストからの流用も多い。本書は財務比率に特化しているが、こちらは決算書以外の中小企業経営の課題をより広く扱っている。ご参考まで。

　最後に本書執筆の機会をくださった一般社団法人金融財政事情研究会の平野正樹氏に感謝申し上げたい。平野氏には2006年の『現代ポートフォリオ理論講義』刊行時もお世話になっている。平野氏に多少の成長を認めていただけることが私の課題の一つであった。

2024年8月

根岸　康夫

【著者略歴】

根岸　康夫（ねぎし　やすお）

根岸公認会計士事務所 所長　公認会計士・税理士
公益社団法人日本証券アナリスト協会検定会員
通商産業省情報処理技術者（特種）
1959年　兵庫県神戸市にて生まれる
1984年　東京大学医学部保健学科（疫学教室）卒業
1984年　芙蓉情報センター総合研究所（現・みずほリサーチ＆テクノロジー）入社
1987年　Deloitte Haskins＆Sells（現・有限責任監査法人トーマツ）入所
1993年～　根岸公認会計士事務所を設立し独立
1994年～　中小企業大学東京校にて中小企業診断士養成コース担当
1994～2012年　金融機関向け証券アナリスト養成講座にて証券分析と経済を担当
2003～2021年　早稲田大学講師（非常勤）、きんざいFP専任講師
［著作］
『現代ポートフォリオ理論講義』（2006年、金融財政事情研究会）
『デリバティブ入門講義』（2018年、金融財政事情研究会）

目　次

第1章　財務諸表分析の意義

第1節　財務分析を学習するにあたって……………………………………2
1　簿記は人類共通の言語……………………………………………2
2　比較可能性の実現…………………………………………………2
3　財務諸表も進化する──連結、IFRSの登場……………………2
4　財務諸表は客観的事実ではなく、経営者の意見表明である…………3
5　決算書をめぐる法的責任…………………………………………4
　(1)　歴史的経緯……………………………………………………4
　(2)　日本の現行法上の責任………………………………………4
6　情報開示先の拡大と開示情報の充実……………………………5
7　情報入手方法………………………………………………………7
8　財務会計と税務会計との違い……………………………………7
　(1)　損金、益金……………………………………………………8
　(2)　税務調整………………………………………………………8

第2節　財務情報の限界………………………………………………………10
1　財務分析は目的ではない…………………………………………10
2　決算書は過去の情報である………………………………………10
3　決算書に経営実態がすべて反映されるわけではない…………12
4　貸借対照表はあくまで期末時点の状況である…………………14
5　損益計算書に反映されない項目…………………………………14
6　キャッシュフロー計算書には反映されない項目………………16
7　比率の変化はその原因によって、改善か悪化かが分かれる…………17

第3節　補論：人工知能の業務への影響……………………………………18

第2章　安全性指標

第1節　安全性指標の概観と限界···22
 1　安全性指標の概観··22
 2　安全性指標の限界··22
  (1)　無借金でも、黒字でも倒産する······································23
  (2)　「固定負債」からの長期的安全性評価には限界がある···············23
  (3)　「過去の経緯」だけから「将来の倒産を予想する」のは無理·······23
  (4)　粉飾の影響を受ける··23

第2節　流動比率···25
 1　流動比率の意義···25
 2　流動比率の変化要因··27
  (1)　当期純利益による流動比率の上昇··································27
  (2)　長期借入れで現金保有による流動比率の上昇······················28
  (3)　自己資金で設備投資による流動比率の低下························28
  (4)　金融庁の短コロ（短期継続融資）容認の影響 〔中小企業〕〔Level 2〕········29
  (5)　1年以内に返済予定の長期借入金 〔中小企業〕························29
  (6)　粉飾（架空売上（架空売掛金）、在庫の水増し）··················30
  (7)　預金担保、コミットメントラインが設定されている場合···········30
 3　売掛金の決済条件が長期化すると流動比率は変化するか·············30
 4　【事例1】江守グループホールディングス、架空売上（架空売掛金）··31
 5　【事例2】アーバンコーポレイション、仕入先行による負担·········32

第3節　当座比率···34
 1　当座比率の意義···34
 2　当座比率に影響する要因··35
  (1)　金融庁の短コロ（短期継続融資）容認の影響 〔中小企業〕·········35
  (2)　預金等に質権設定（預金担保）〔中小企業〕·····················35

(3)　コミットメントラインが設定されている場合 〔大企業〕……………36
第4節　自己資本比率、負債比率………………………………………………38
　1　自己資本比率、負債比率の意義…………………………………………38
　2　自己資本比率、負債比率の留意点………………………………………39
　　(1)　固定負債の返済条件が反映されない………………………………39
　　(2)　上場企業の場合、無借金経営が理想とはいえない………………39
　　(3)　社長借入れ 〔中小企業〕………………………………………………39
　　(4)　リース資産・債務の簿外処理 〔中小企業〕…………………………40
第5節　固定比率、固定長期適合率……………………………………………42
　1　固定比率、固定長期適合率の意義………………………………………42
　2　固定長期適合率は流動比率の裏側………………………………………43
第6節　インタレスト・カバレッジ・レシオ…………………………………44
　1　インタレスト・カバレッジ・レシオの意義……………………………44
　2　インタレスト・カバレッジ・レシオは元本返済を考慮していない…45
第7節　手元流動性（現預金月商比率）と保証債務…………………………48
　1　手元流動性（現預金月商比率）の意義…………………………………48
　2　資金計画における現金保有高の目安 〔中小企業〕……………………48
　3　債務保証の存在 〔中小企業〕……………………………………………49

第3章　収益性指標

第1節　売上高利益率……………………………………………………………52
　1　制度会計上の利益…………………………………………………………52
　　(1)　売上総利益……………………………………………………………52
　　(2)　営業利益………………………………………………………………53
　　(3)　経常利益………………………………………………………………53
　　(4)　税引前利益……………………………………………………………53
　　(5)　当期純利益……………………………………………………………53

目　次　9

2　制度会計外の利益概念·································53
　　　(1)　事業利益···53
　　　(2)　NOPAT　Level 2　大企業·························55
　　　(3)　EBIT、EBITDA　Level 2　大企業···················55
　　　(4)　償却前利益······································56
　　3　売上高総利益率（粗利率）·····························57
　　　(1)　売上高総利益率（粗利率）の意義··················57
　　　(2)　仕入販売業における売上高総利益率················57
　　　(3)　製造販売業における売上高総利益率················58
　　　(4)　価格が変動しなくても売上高総利益率は変動する····59
　　　(5)　売上高総利益率の低下が悪化とは限らない··········59
　　　(6)　売上高総利益率は高いほうがよいとは限らない······60
　　　(7)　利益率からの「選択と集中」の濫用　Level 2 ······60
　　　(8)　「売上高総利益率が変動しない」のは粉飾の兆候　中小企業···61
　　4　売上高営業利益率·····································62
　　　(1)　売上高営業利益率の意義··························62
　　　(2)　上場企業のセグメント情報は営業利益ベース　Level 2　大企業··63
　　5　売上高経常利益率·····································64
　　6　売上高当期純利益率···································65
　　　(1)　売上高当期純利益率の意義························65
　　　(2)　中小企業の場合　中小企業························65

第2節　自己資本利益率（ROE）···································67
　　1　自己資本利益率（ROE）の意義·························67
　　2　自己資本利益率（ROE）は経営者の能力判定基準········68
　　3　ROEは有価証券報告書で開示される····················70
　　4　ROEを計算する自己資本の定義　Level 2　大企業·······71
　　5　ROEの重要性は中小企業には限定的····················71
　　6　ROE増減の要因······································72
　　　(1)　総　資　本·····································72

	(2) 事業利益	73
7	ROEの2指標分解	74
	(1) 分解の考え方	74
	(2) 財務レバレッジ	75
	(3) 2指標分解の実際	76
8	ROEの3指標分解	77
	(1) 3指標分解の実際	77
	(2) 【TOPIC】伊藤レポートから	79
9	ROEの5指標分解 Level 2	79
	(1) 2指標分解	81
	(2) 3指標分解	81
	(3) 5指標分解	82

第3節 総資本（資産）利益率（ROA） … 84
1 総資本（資産）利益率（ROA）の意義 … 84
2 ROAの「Return」は営業利益か経常利益か … 85
3 リース契約がROAに与える影響 … 86
4 ROAの要因分析（2指標分解） … 86

第4節 投下資本利益率（ROIC） Level 2 … 87
1 投下資本利益率（ROIC）の意義 … 87
2 ROICの利用局面 … 88

第5節 黒字倒産 … 90
1 黒字倒産は損益計算書の限界から … 90
2 現金の情報はキャッシュフロー計算書に … 91
　(1) 【事例】売掛金の入金遅れ（運転資金需要） … 91
　(2) 固定資産（土地等）の購入 … 92
　(3) 借入元本の返済負担 … 93
3 利益指標と「3年分の予想損益計算書だけ」の危険性 … 95

第6節 製造業における「利益」の怖さ … 96
1 「製造原価は低いほうがよい」「操業度は高いほうがよい」は危険 … 96

  2 操業度を上げると製造原価は低下し、利益は増える･･････････････96
  3 操業度を上げると利益は増えるが資金繰りは悪化する･･････････98
  4 「売れる分だけつくる」が資金繰りを改善する････････････････98
 第7節 利益目標が在庫問題を生み出す　Level 2 ･･････････････････････101
  1 在庫問題に関する誤解･････････････････････････････････････101
  2 在庫は仕事熱心な従業員が生み出す･････････････････････････102
  3 在庫が減らない根本原因は経営者の提示する利益目標･････････102
  4 「在庫を減らせ」という指示は不適切･･･････････････････････103
  5 資金繰りだけで在庫を考えると会社は潰れる･････････････････103

第4章　回転期間、回転率

 第1節 回転期間、回転率の概観･････････････････････････････････････106
  1 回転期間と回転率の源･････････････････････････････････････106
  2 回転期間と回転率との関係･････････････････････････････････106
 第2節 売上債権回転期間･･･108
  1 売上債権回転期間の意義･･･････････････････････････････････108
  2 月次売上、決済条件、売掛金の関係･････････････････････････109
  3 回転期間を計算する目的、利用方法･････････････････････････110
  (1) 【目的1】架空売上、不良債権の兆候の発見･････････････110
  (2) 回転期間の正常な変動要因･････････････････････････････111
  (3) 詳細な検証方法･･･････････････････････････････････････111
  (4) 【目的2】運転資金需要の予測・計画･･･････････････････112
 第3節 棚卸資産回転期間･･･113
  1 棚卸資産回転期間の意義･･･････････････････････････････････113
  2 月次売上と棚卸資産の関係･････････････････････････････････114
  3 売上か売上原価か･･･114
 第4節 仕入債務回転期間･･･117

1　仕入債務回転期間の意義……………………………………………117
　　2　買掛金と売掛金との違い……………………………………………118
　　3　月次仕入れ、決済条件、買掛金の関係……………………………118
　　4　回転期間を計算する目的、利用方法………………………………120
　　　(1)　【目的1】買掛金の支払遅れの兆候の発見……………………120
　　　(2)　【目的2】買掛金の過少計上（粉飾）の兆候の発見…………121
　　5　回転期間の正常な変動要因…………………………………………123
　　6　詳細な検証方法………………………………………………………123
　第5節　運転資金需要の予測・計画……………………………………125
　　1　運転資金需要の意義…………………………………………………125
　　2　回転期間からの予測…………………………………………………125
　第6節　固定資産回転率…………………………………………………128
　　1　固定資産回転率の意義………………………………………………128
　　2　資産回転率が変化する要因…………………………………………130
　　3　ROEの要因分析に登場する資産（総資本）回転率 Level 2 ………131

第5章　キャッシュフロー計算書

第1節　直接法からのキャッシュフロー計算書のイメージづくり………134
　　1　預金通帳からのキャッシュフロー計算書…………………………134
　　2　簿記学習者が戸惑う「プラスかマイナスか」……………………137
　　3　直接法のイメージの効用……………………………………………137
第2節　キャッシュフロー計算書の読み方………………………………138
　　1　キャッシュフロー計算書は家計簿感覚で読める…………………138
　　2　苦しい会社のパターン………………………………………………138
　　3　余裕のある会社のパターン…………………………………………140
　　4　投資の成果が明らかになる…………………………………………140
第3節　キャッシュフロー計算書は損益計算書の弱点を補う……………142

	1	損益計算書の弱点……………………………………………142
	2	キャッシュフロー計算書の弱点……………………………143

第4節　キャッシュフロー関連の財務比率………………………………144
　　1　キャッシュフロー・インタレスト・カバレッジ・レシオ…………144
　　2　営業キャッシュフロー対有利子負債比率……………………………145
　　3　営業キャッシュフロー対投資キャッシュフロー比率………………146

第5節　間接法の原理 Level 2 ……………………………………………147

第6節　「キャッシュフロー＝当期純利益＋減価償却費」としてよい場合……………………………………………………………………152
　　1　間接法からの営業活動キャッシュフローの推定……………………152
　　2　「営業活動キャッシュフロー＝当期純利益＋減価償却費」が成立しない実例……………………………………………………………153

第7節　キャッシュフロー計算書を電卓だけで作成する方法…………154
　　1　【STEP1】現預金増加額の算出………………………………………155
　　2　【STEP2】借入金増減額の算出………………………………………155
　　3　【STEP3】固定資産購入額の算出……………………………………156
　　4　【STEP4】営業活動キャッシュフローの算出………………………157
　　5　【補足】売却損益、廃棄損等がある場合の投資活動………………157
　　　(1)　廃棄があった場合………………………………………………157
　　　(2)　売却があった場合………………………………………………158

第8節　会計基準の奇怪なところ Level 2 ………………………………161
　　1　【違反1】3カ月を越える定期預金を現預金に含めていること……161
　　2　【違反2】受取手形の割引を借入れに含めていること………………161

第9節　キャッシュフロー計算書は古典的粉飾に強い……………………163
　　1　キャッシュフロー計算書と古典的粉飾………………………………163
　　2　【古典的粉飾1】減価償却費の過少計上……………………………164
　　3　【古典的粉飾2】在庫の過大計上……………………………………167
　　4　【古典的粉飾3】架空売上の計上……………………………………168

第10節　キャッシュフロー計算書も粉飾できる…………………………170

1　キャッシュフロー計算書粉飾の原理……………………………170
　　2　【粉飾方法1】架空売上計上・売掛金を固定資産に振替え…………170
　　3　【粉飾方法2】社長個人の借入金を売上として会社口座に入金……172

第6章　生産性分析

第1節　総付加価値分析……………………………………………178
　　1　総付加価値の意義………………………………………………178
　　2　中小企業における総付加価値分析の実際……………………178
第2節　労働生産性の要因分析……………………………………182
　　1　労働生産性の意義………………………………………………182
　　2　【補論】生産性指標を学習するヒント…………………………183
　　3　労働生産性の要因分析…………………………………………184
　　4　個別の中小企業の事情 Level 2　中小企業 ……………………186
　　5　設備投資は製品サイクルの影響を受ける Level 2 …………187
　　6　中小企業経営者も気にする労働分配率 中小企業 ……………187

第7章　損益分岐点分析

第1節　費用の固変分解……………………………………………190
　　1　損益計算書の弱点………………………………………………190
　　2　費用の固変分解…………………………………………………190
　　　(1)　実態にあわせて分解する……………………………………191
　　　(2)　勘定科目法……………………………………………………191
　　　(3)　回帰分析法……………………………………………………191
第2節　損益分岐点売上および「目標利益を達成する売上」………196
　　1　損益分岐点売上…………………………………………………196

目　次　15

2　目標利益を達成する売上 ··· 199
　　　(1)　損益分岐点売上の逆算 ·· 199
　　　(2)　【参考】グラフでみる損益分岐点 ··· 200
　　3　安全余裕率（経営安全率） ·· 201
　　4　事業構造改革（リストラクチャリング） ······································ 202
　　　(1)　【選択肢1】変動費削減のための固定費増加 ······························ 202
　　　(2)　【選択肢2】固定費削減のための変動費増加 ······························ 203
第3節　損益分岐点分析の実務上の留意点 (Level 2) ································ 206
　　1　計画の前提を疑う ·· 206
　　2　売上増が巨額の場合、固定費も増加する ····································· 206
　　3　【TOPIC】「削減できる固定費」と「削減できない固定費」 ········· 207
　　4　変動費が一定でも変動費率は変化する ··· 207

第8章　中小企業固有のテーマ

第1節　粉飾検証の原理 ·· 212
　　1　粉飾を見抜くことが目的ではない ·· 212
　　2　税務署は粉飾を問題視しない ··· 212
　　3　粉飾決算の原理とバランスシート・アプローチ ··························· 214
　　4　粉飾決算の仕訳 ·· 216
　　5　ヒアリングからの検証 ··· 218
第2節　検証可能な古典的粉飾 ··· 220
　　1　減価償却費の過少計上 ··· 220
　　　(1)　粉飾とは思われていない粉飾 ·· 220
　　　(2)　「減価償却費の過少計上」の発見方法 ······································· 221
　　　(3)　繰越欠損金を有効利用するための減価償却費の過少計上 ··········· 223
　　　(4)　キャッシュフロー計算書には影響しない ··································· 225
　　2　在庫の過大計上 ·· 225

(1) 在庫の過大計上が損益に与える影響················225
　　(2) 「棚卸資産が毎期同じ」だったのに急増··············226
　　(3) 業種と店舗・倉庫の規模から推定··················227
　　(4) 在庫の回転期間から推定する場合の留意点··········228
　　(5) キャッシュフロー計算書には影響しない············228
　3　架空売上の計上··229
　　(1) 決算書への影響································229
　　(2) 回転期間からの検証····························229
　　(3) 売掛金明細の検証······························230
　　(4) 架空ではない売上の過大計上にも注意··············230
　　(5) キャッシュフロー計算書には影響しない············230
第3節　検証困難な粉飾··232
　1　役員報酬と社長借入れ······································232
　　(1) 儲かっていない会社が役員報酬を計上する理由······232
　　(2) 資金繰りが厳しい企業の役員報酬の実態············232
　　(3) 個人名義で借り入れて会社口座に移す··············234
　　(4) 経営者に求められること························234
　2　関係会社を利用した粉飾····································235
第4節　残高明細の検証··237
　1　売掛金明細の読み方··237
　　(1) 不足、不備のある明細··························237
　　(2) みせたくないものは「その他」に隠す··············238
　　(3) 何年も金額が変わらない························239
　　(4) 経営者の努力こそ見落としてはならない············240
　　(5) 経営危機から始めるのでは遅い··················241
　2　買掛金明細の読み方··241
　　(1) サプライチェーンの理解が発見のきっかけになる····241
　　(2) 期ズレによる買掛金の過少計上、売上の過大計上····242
第5節　資金計画の見方··244

1　資金計画の重要性……………………………………………244
　2　資金計画のチェック方法……………………………………246
　　(1)　【チェックポイント1】繰越金が「ぎりぎりゼロ」になっていないか………………………………………………………246
　　(2)　【チェックポイント2】経常収支を実績と比較する………247
　　(3)　【チェックポイント3】経常外支出が少なくないか………247
　　(4)　【チェックポイント4】財務収支に「根拠のない借入れ」がないか………………………………………………………247
　　(5)　【チェックポイント5】計画を実績と比較する……………248
　3　「指摘ではなく、経営者を褒める」態度が肝要………………248
　4　具体的な「目利き力」…………………………………………249
　5　資金運用表、資金移動表………………………………………250
　　(1)　間接法の原理……………………………………………251
　　(2)　資産・負債を細かく表示する……………………………252
　　(3)　キャッシュフロー計算書への並べ替え…………………253
　　(4)　資金運用表への並べ替え…………………………………254
　　(5)　資金移動表への並べ替え…………………………………256
　　(6)　資金運用表、資金移動表、キャッシュフロー計算書の比較………257
　　(7)　どの形式を採用すべきか…………………………………257

第9章　大企業固有の問題

第1節　最適資本構成 Level 2 ……………………………………264
　1　上場企業の無借金経営は厳しい………………………………264
　2　最適資本構成……………………………………………………267
第2節　格付情報と株価………………………………………………269
　1　格付機関…………………………………………………………269
　2　格付記号…………………………………………………………269

3　格付機関の評価方法……………………………………………270
　4　依頼格付と非依頼格付（勝手格付）…………………………271
　5　格付は時間の経過とともに変わる……………………………272
　6　格付は機関によって異なる……………………………………272
　7　発行体格付と債券格付とは異なる……………………………272
　8　株価と格付 Level 2 ……………………………………………273
　9　PBR、企業評価と貸借対照表との関係………………………273
　　(1)　貸借対照表と企業評価との関係…………………………273
　　(2)　PBRが1を下回ることの意味……………………………275
　10　監査報告書 Level 2 ……………………………………………276
第3節　連結財務諸表 Level 2 ………………………………………278
　1　連結財務諸表が中心になった理由……………………………278
　　(1)　企業評価は連結ベースが基準……………………………278
　　(2)　連結財務諸表は「グループ企業の単純合計」ではない…278
　　(3)　単体決算書では企業の実力がわからない………………279
　　(4)　子会社を利用した粉飾を防止する………………………280
　2　分社化すると合法的に粉飾できた……………………………281
　3　投資と資本との相殺……………………………………………282
　　(1)　無限につくれる子会社……………………………………282
　　(2)　資産はいくらか……………………………………………283
　4　「非支配株主持分」の意味………………………………………284
　5　「親会社株主に帰属する当期純利益」の意味…………………286
　6　未公開企業において連結財務諸表をイメージする意義……288
第4節　三つの会計基準 Level 2 ……………………………………290
　1　日本の上場企業の選択肢は四つ………………………………290
　2　歴史的経緯………………………………………………………290
　3　日本は官民あげてIFRSへシフト……………………………292
　4　中小企業は当面は従来どおり…………………………………292

第1章
財務諸表分析の意義

第1節　財務分析を学習するにあたって

1　簿記は人類共通の言語

　現代の複式簿記の原理は、14世紀から15世紀にかけての中世ルネッサンス期のイタリアで生まれた。以降、21世紀まで複式簿記の原理に大きな変更はない。

　今日、われわれの日常生活の大部分は企業活動に支えられている。そして企業活動は国境、文化圏、言語圏を越えており、海外情勢は直接・間接にわれわれの生活に影響する。その企業活動を記述する簿記の原理は世界共通言語となった。勘定科目名の表記が言語によって違っていても、その表示形式をみれば貸借対照表か損益計算書かわかるだろう。この意味で、簿記を学ぶことは人類共通言語を学ぶことになる※。

※　人類共通言語として数学もある。アラビア数字は財務諸表にも不可欠である。

2　比較可能性の実現

　簿記という共通言語で記述されることから、企業の国際比較が可能になった（比較可能にするために共通言語を使用しているというべきか）。これにより企業は提供する商品・サービスによる競争だけでなく、融資・出資等の場面からも世界的な競争にさらされることになる。競争だけでない。日産が経営危機に陥ったとき、フランス企業であるルノーからの出資により窮地を脱した。

3　財務諸表も進化する──連結、IFRSの登場

　複式簿記による財政状態（貸借対照表）と経営成績（損益計算書）の表示

という原理に変更はないものの、企業活動の多様化・国際化を受けて財務諸表も進化する。よりよい会計基準を実現するため、会計基準は年々改訂され、増加し続けている。大きな進化の一つに企業グループ全体の状況を表す連結財務諸表がある。日本に導入されたのは1977年であり、それ以前は存在しなかった。

会計基準の体系そのものも競争状態にある。現在、日本の上場企業は日本基準、米国会計基準（US GAAP）、国際財務報告基準（IFRS）[※1]のうちいずれかを任意に選択できる[※2]。米国会計基準とIFRSとは主導権争いをしていたが、現在は内容を近づけ、会計基準として相互に認め合うコンバージェンス（収斂）が進行中である。日本基準も同等性が認められているものの、大手商社等、国際的に活動する企業はIFRSを採用するところが拡大中である。金融庁も金融機関等がIFRSを適用できるように施行規則等を改正している。

[※1] 国際財務報告基準（IFRS：International Financial Reporting Standards）」、かつては国際会計基準と称されていたこともある。
[※2] 上記三つの会計基準のほか、IFRSに日本の会計実務を加味した修正国際基準JMIS（Japan's Modified International Standards）が認められている。

4 財務諸表は客観的事実ではなく、経営者の意見表明である

財務諸表は「客観的事実の表明」ではなく、「業界・会計上の慣行」と「経営者の主観的判断」による産物といわれている。もちろん、企業会計原則に「真実性の原則」が掲げられているように、虚偽に基づく粉飾決算を認めるというわけではない。しかし、「真実性の原則」における真実とは絶対的真実ではなく、相対的真実といわれている。

経営上の事実が同じ状況であればだれが作成しても同じ決算書になることを絶対的真実と呼ぶ。しかし、企業会計原則は、経営者の判断次第で異なる財務報告がありうることを容認している。ただ、その判断は会計基準に準拠したものでなければならないという意味で相対的真実と呼ばれるのである。経営者の意見表明の具体的な事項の例として以下のものがあげられる。

　　○　売掛金や貸付金の回収可能性の評価から貸倒引当金の設定

- ○ 期末在庫の評価方法（個別法、先入先出法、売価還元法等）の選択
- ○ 固定資産の耐用年数および減価償却方法の選択（会計上、必ずしも税務基準と一致させる必要はない）
- ○ 減損会計を適用するか

　たとえば貸倒引当金の設定に関して「貸倒リスクがあるのに引当金を計上しない」という経営者の判断が容認されるわけではない。企業会計原則の保守主義の原則に基づき、「より慎重に引当金を計上する」判断を容認するという意味である。

5　決算書をめぐる法的責任

(1)　歴史的経緯

　17世紀のフランスでは破産詐欺や財産の隠匿が蔓延し、それが原因で産業全体が不振に陥るほどであった。この混乱を解決するため、国王ルイ14世の命を受け、1673年にサバリーが商法を作成した。これは現在の商法・会社法の源流とも呼べるものであった。そこには「破産時に帳簿を裁判所に提示できなかった者は死刑に処す」との厳しい規定があった。

　サバリー法は1807年のナポレオン商法※へと引き継がれヨーロッパ全体に広がり、1861年にはドイツ商法が成立、1899年にはドイツ商法を規範として日本の商法が成立した。

※　ナポレオン商法では死刑の規定は削除されている。

(2)　日本の現行法上の責任

　財務諸表の作成義務は会社法435条（計算書類）、法人税法74条（法人税申告書）に定められている。また、上場企業や未公開の大企業に適用される金融商品取引法24条（有価証券報告書）に規定されている。粉飾や脱税に係る民事上の責任として、主として以下が規定されている。

- ○ 不実の報告書に関する関係者の責任（金融商品取引法24条の4）
- ○ 役員等の株式会社に対する損害賠償（会社法423条）
- ○ 役員等の第三者に対する損害賠償責任（会社法429条）

刑罰としては、主として以下が規定されている。

- ○ 詐欺罪（刑法246条）：10年以下の懲役
- ○ 違法配当罪（会社法963条5項2号）：5年以下の懲役もしくは500万円以下の罰金またはこれらを併科
- ○ 特別背任罪（会社法960条）：10年以下の懲役もしくは1,000万円以下の罰金またはこれらを併科
- ○ 脱税（法人税法159条）：10年以下の懲役もしくは1,000万円以下の罰金またはこれらの併科

これらの責任・刑罰は「会計監査を受けている・受けていない」によらないので、未公開企業・中小企業でも同じであることに留意すべきである。また、上場企業の場合、上場取消しの原因となりうる。

6　情報開示先の拡大と開示情報の充実

未公開企業の場合、現在の株主、税務署、金融機関等の直接の利害関係者にだけ「会社法の計算書類」が開示され、だれでも閲覧できるわけではない。

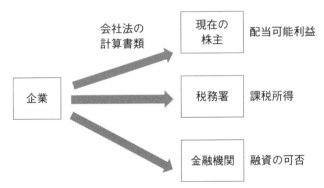

上場企業の場合、現時点での株主に限定されず、これから株主になろうとする一般投資家向けに有価証券報告書が公開される。事実上、「だれでも閲覧できる」が、閲覧目的は投資が主である。有価証券報告書の記載内容は会社法上の計算書類よりも豊富で、役員の経歴や従業員の平均給与・在職年数まで開示されている。

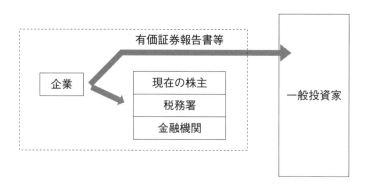

　企業が果たすべき社会的責任として、経済活動だけではなく、SDGs活動やフェアトレードへの積極的な取組みが求められるようになった。これらに無関心であると企業イメージが悪化し、売上に影響する可能性がある。逆に積極的に取り組んでいることをアピールすることがブランド力アップにつながる。

　情報開示においても、法的に開示が求められている財務情報等に加え、企業統治や社会的責任（CSR）等の非財務情報をまとめた統合報告書が注目されている。法律で作成・開示が強制されるものではないが、世界規模で地球温暖化防止（CO_2削減等）が緊急の課題とされている現在、無視することはできない。

　統合報告書の非財務情報は、伝統的な財務諸表分析の対象外であったが、最終的な目的である企業評価という観点からは無視できない情報となっている。

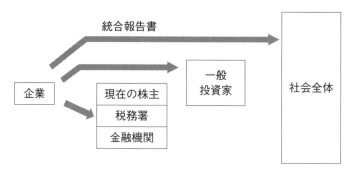

7　情報入手方法

　現在、インターネット上から情報を入手する方法が主流である。

　国内企業に関しては法定の有価証券報告書等は公的な情報公開ホームページである「金融商品取引法に基づく有価証券報告書等の開示書類に関する電子開示システム」EDINET[※1]からダウンロードすることが最も信頼性がある。ただし、一度提出された報告書にも後日に訂正報告が行われることがあるので、訂正報告がないことを確認する必要がある。米国企業に関しては同様のホームページEDGAR[※2]がある。

※1　https://disclosure2.edinet-fsa.go.jp/week0010.aspx
　　　倒産や完全子会社化等の理由で上場廃止となった企業の過去の有価証券報告書は法定縦覧期間満了後一定期間経過すると閲覧できなくなる。
※2　https://www.sec.gov/edgar/searchedgar/companysearch

　統合報告書等の法定でない開示書類を入手するには各社の公式ホームページからダウンロードすることになる。フェイクニュースが流布している可能性があるので、真正の「公式ホームページ」であることを確認したうえで利用すべきである。各社のホームページには有価証券報告書や決算単信（有価証券報告書の速報版）も掲載されていることが一般的である。有価証券報告書が電子化される以前の古い情報も掲載されていることもあるので、歴史的にさかのぼりたい場合、公式ホームページを参照すると見つかることもある。

8　財務会計と税務会計との違い

　財務諸表分析において表に出てくる機会は少ないが、財務会計と税務会計との違いについて理解しておく必要がある。有価証券報告書等で開示されるのは会計基準に準拠して作成された財務会計である。しかし、財務会計の「税引前当期純利益」を基準に法人税が算定されるわけではない。財務会計とは無関係ではないが独立した税務会計があり、それに基づく法人所得に法人税率を乗じることで法人税が計算される。

(1) 損金、益金

財務会計では売上・受取利息等の「収益」から売上原価等の「費用」を差し引くことで各種の「利益」を計算する。ところが税務会計では収益・費用という用語は登場しない。収益のかわりに「益金」、費用のかわりに「損金」という用語を用いる。そして益金から損金を差し引いたものを「法人所得」と呼ぶ。

財務会計		税務会計
有価証券報告書（損益計算書）		法人税申告書（別表4）
収益（売上等）	≒	益金
費用	≒	損金
税引前当期純利益	≠	法人所得

名称が変わるだけでなく、財務会計上の収益・費用と税務会計上の益金・損金とは必ずしも一致しない。したがって税引前当期純利益と法人所得とは一致しない。法人税等は税引前当期純利益ではなく、法人所得に基づいて計算される。

(2) 税務調整

財務会計上の費用と税務会計上の損金とは一致しない。

その代表的なものに接待交際費がある。接待交際費を支出した場合、当然であるが財務会計上は全額費用として計上しなければならない。もし計上しなければ費用の過少計上、利益の過大計上となり、粉飾決算になってしまうからである。

つまり、財務会計上は損金として計上できない部分がある。これを損金不算入と呼ぶ。すると、財務会計上の税引前当期純利益より法人所得は多くなる。

法人税は法人所得で決まるので、接待交際費を支出しても損金不算入の部分があれば法人税は減少せず、節税効果はない。

	損益計算書			別表4	
収益	売上	+1,000	益金		+1,000
費用	売上原価	▲400	損金		▲400
	販売費	▲300			▲300
	接待交際費	▲100			0 ← 損金不算入
	税引前利益	+200	法人所得		+300

　金額が大きくなりがちな税務調整項目に減損会計の適用がある。財務会計上、減損損失を計上しても税務会計上は損金不算入とされる。極端な場合、税引前当期純利益が損失であるにもかかわらず法人税等が発生するケースもありうる。

　このような関係を緩和するために、財務会計側に税効果会計という会計処理が準備されている。

第 2 節　財務情報の限界

1　財務分析は目的ではない

　本書は決算書を対象とした財務分析について解説するものである。しかしながら読者の最終的な目的は「決算書を読めるようになること」ではない。読者の目的は出資・融資の可否の判断、経営助言等であろう。決算書を分析すること自体が目的ではないはずなのに、決算書の分析に終始してしまっては本末転倒である。

　本来の目的を達成するために財務分析は必要不可欠であるが、財務諸表に限定した分析では目的を達成するのは原理的にむずかしいことを確認しておきたい。

2　決算書は過去の情報である

　まず、決算書は「過去の情報」であって、未来でもなければ現在ですらない。この原理的な欠点・限界を補うために、上場企業では四半期報告や適時情報開示制度が用意されている。われわれの目的は「過去の実態」を把握することではなく、「融資すると将来の返済に問題はないか」「株式を取得した後、将来株価は上昇するか」等の将来の見通しのはずだ。だから財務分析の結果だけで将来の見通しを決定しようとするのは合理的ではない（図表1－2－1）。

　かといって「過去の実績」と「将来の見通し」とが無関係のはずもない。将来が単調な過去の延長ではないにしろ、経営者が描くバラ色の未来と現状との乖離が合理的に説明できなければならない。現状の稼働率が高い生産設備のままで生産量が10倍という計画は合理性が疑われ、製品商品に変化がな

図表1-2-1　決算書と本来の目的には時間的な乖離がある

図表1-2-2　将来予測には過去の実績との合理的な関係が必要

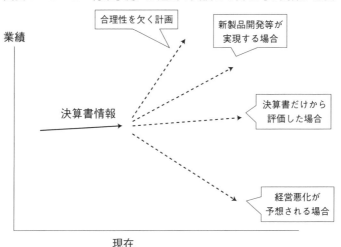

いにもかかわらず売上高総利益率が大幅に改善されることもむずかしいであろう。逆に画期的な新製品の開発に成功したとか、業務提携等による販路拡大が見込まれる場合には「過去の実績からの乖離」は妥当なものと評価できる。

　また「これまで長期的に業績が堅調だった」としても、現時点で原材料価格の高騰や為替レートの大幅な変動が発生している場合、現状維持が困難なケースもあろう（図表1-2-2）。

　株式の取得等による投資でも決算書情報の位置づけは同じである。資格試験・検定試験においては決算書情報に基づいて株価指標が出題される。たとえば試験ではPER（株価収益率）を実績の損益計算書から計算させるが、これは実務的でも理論的でもない。

実務において重視されるのは予想PERであり、予想PERは「来期の予想利益」と現在の株価とから算定される。実績の当期利益と現在の株価とから計算されるPERは「前期基準PER」で、参考程度である。
　ちなみに、PBR（株価純資産倍率）は直近の清算価値を重視するので予想PBRは存在せず、必要とされるのは前期基準のみである。

3　決算書に経営実態がすべて反映されるわけではない

　決算書だけから会社の経営全体を把握するのは限界がある。会社の経営資源として技術力、開発力、営業力、これらを支える人材、ブランド力などがあげられる。これらが売上を生み出し利益をもたらす。経営資源が原因であり、売上・利益は結果である。例えるなら経営資源がエンジンであり、決算書情報は速度計である。エンジンと速度計とは無関係ではないが、速度計からエンジン性能を評価するのは限界があるだろう（図表1－2－3）。
　「いや、特許権や連結のれん（営業権）は貸借対照表に表示されるはず」と考えた方もあるだろう。しかし、すべての特許権が計上されるわけではな

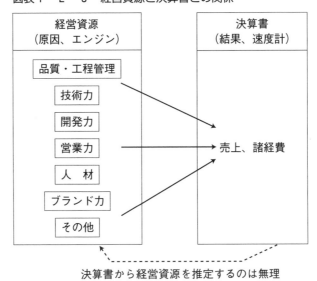

図表1－2－3　経営資源と決算書との関係

い。外部から特許権を購入した場合、特許権は資産計上されるが、自社開発で取得した特許権の資産計上は限定的である。仮に資産計上されていたとしても、その特許権等が売上に貢献しているか、それとも休眠状態にあるかは判断できない。

「連結のれん（営業権）」は買収された子会社に関するものであり、取引価額から算出されるだけでどの経営資源が根拠になっているかは不明である。また親会社に関する「のれん（営業権）」はそもそも計上されない。

また、外注費があれば技術的に外部に依存している、なければ依存していないとも判断できない。外注があっても「どこでもできる加工工程」をコスト削減から社外に委託していることもある。逆に自社では技術的に製造できない部品を外部から調達している場合には、外注費が計上されるわけではなく単なる部品仕入れとして処理される。

これは大企業に限った話ではない。中小・零細・個人事業においても同様である。たとえばラーメン店が繁盛する要因を考えよう。美味しさ、接客態度、店の清潔さ、立地、評判・知名度等があげられるだろう。では繁盛していないラーメン店の決算書を入手して、決算書から「繁盛しない原因」を特定できるだろうか。筆者には不可能としか思えない。「繁盛しない原因」を特定したいのであれば、決算書を分析するよりも店に行ってラーメンを食べたほうが実態に迫れるだろう。

では、財務分析は無意味だろうか。そんなはずはない。資金繰りに関しては「店に行ってラーメンを食べ」てもわからない。こと資金繰りに関しては決算書をみるほかはない。無理な借入返済計画や、売上はあっても価格設定が不適切で利益を確保できない等は決算書情報に全面的に依存せざるをえない。

ここで声を大にして主張したいのは「決算書情報だけから結論を出そうとしてはならない」ということである。ほしい結論が財務上の評価であったとしても、経営者に対するインタビュー・ヒアリング、中小企業の場合は立地条件等の周辺環境の変化、上場企業の場合は株価や格付の動向を含めて評価すべきである。

4　貸借対照表はあくまで期末時点の状況である

　貸借対照表は期末日時点での残高だけが表示され、期中の状態が表示されるものではない。

　たとえば期中に投資目的で株式を保有して配当を受け取っても期末日までに売却すると貸借対照表に表示されない。また、期中に借入れがあり支払利息が発生しても期末日までに返済が完了すると貸借対照表に表示されない。さらに期中は商品在庫を保有しているのに、期末日時点での在庫がたまたまゼロであることも起こりうる。このような場合、売上原価と在庫とから回転期間を計算しても有効な数値は得られない。借入金残高と支払利息とから借入金利は推計できないし、有価証券残高と受取配当金・売却益とから投資利回りは推計できない（図表1－2－4）。

　大企業の場合、このような極端な事例はまれであろうが、大規模なM&A等による再構築があった場合、この要因が顕著になる。中小企業、特に季節変動が激しい業種の場合、決算日と季節変動との関係に留意する必要がある。

　貸借対照表が期末日時点の状態を表示していることは、過去の経緯を反映していないと同時に、将来の状態も反映していないということである。固定負債の部に「将来に返済が予定されている長期借入金」と「将来の退職金等に備えての退職給付引当金」が計上されていることから、将来の負債の状況まで反映していると誤解されがちである。

　長期借入金も退職給付引当金も計上されているのはあくまで「期末日時点で存在する」部分だけである。たとえば期末日翌月（20X1年4月）に支払わねばならない給与すら表示されていない（未払給与は20X1年3月分だけ）。期末日時点の財政状態だけから将来を予想するには限界がある（図表1－2－5）。

5　損益計算書に反映されない項目

　損益計算書の利益は配当可能額と法人税※の算定を目的とする。

図表1-2-4　貸借対照表と損益計算書の関係が希薄なケース

		…	X2年2月	3月	年間合計
貸借対照表	在庫	…	380	0	
	株式	…	480	0	
	借入金	…	650	0	
損益計算書	売上原価	…	430	290	4,560
	受取配当金	…	0	0	20
	有価証券売却益	…	0	40	40
	支払利息	…	18	12	35

損益計算書
```
売上
売上原価        4,560
…
受取配当金         20
有価証券売却益     40
支払利息           35
```

貸借対照表
```
…
在庫       0    借入金    0
…
有価証券   0
```

図表1-2-5　負債の部にはX1年4月の給与も計上されない

20X1年3月31日現在

流動資産		流動負債	
		固定負債	長期借入金 退職給付引当金
固定資産		純資産	

翌月の給与支払い等は表示されない

※　法人税は、正確には会計上の利益から税務調整して計算される法人所得から算定される。

　上記以外の目的、特に「企業が存続するため」の指標としては欠陥がある。それゆえに黒字倒産（利益はあるのに倒産する）という事態が生ずる。

その原因として「過大な仕入れによる在庫の膨張」「借入元本の返済」「設備投資のための支出」が表示されないことがあげられる。

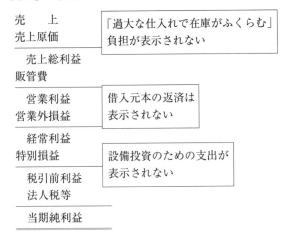

収益性の高さが安全性の高さに直結するものではないことに留意されたい。

6　キャッシュフロー計算書には反映されない項目

キャッシュフロー計算書は現預金の入出金を集計したものである。したがって「倒産のしやすさ」に直結する。倒産の原因は貸借対照表における債務超過でもなく、損益計算書の当期純利益のマイナスでもない。支払いが要請されたときに現預金が不足しているときに倒産する。

逆にいえば入出金がない限りキャッシュフロー計算書には計上されない。貸借対照表の受取手形・売掛金、支払手形・買掛金、各種引当金は入出金がないのでキャッシュフロー計算書には反映されない。前期末の受取手形・売掛金、支払手形・買掛金は入出金がすんでいるはずだから当期のキャッシュフロー計算書には反映される。つまり損益計算書・貸借対照表よりも認識が遅れることになる。

Ⅰ．営業活動
Ⅱ．投資活動
Ⅲ．財務活動

当期末の受取手形・売掛金、支払手形・買掛金は反映されない

Ⅴ．現金および現金同等物の増減額
Ⅵ．期首残高
Ⅶ．期末残高

7　比率の変化はその原因によって、改善か悪化かが分かれる

　流動比率は高いほうがよい、固定比率は低いほうがよい、利益率は高いほうがよいとされる。しかし、その比率の変化の原因次第で判断が異なることもある。

　個々の比率の判断については各章・節を参照してほしいが、ここでは参考に売上高総利益率を取り上げよう。

　X1年度には商品Aだけを販売して売上は2,000、売上総利益は400、売上高総利益率20％だった。X2年に新たに商品Bの販売を開始し、売上1,000、売上総利益100を獲得した。商品Aの実績はX1年度と同じだった。

	X1年度	X2年度		
	商品A	商品A	商品B	合計
売上	2,000	2,000	1,000	3,000
売上原価	1,600	1,600	900	2,500
売上総利益	400	400	100	500
利益率	20％	20％	10％	16.7％

　このケースでは全社ベースの利益率がX1年の20％から16.7％に低下している。しかし、総利益率の低下をもって「悪化した」と判断すべきではないだろう。この状況に対して「商品Bが原因で利益率の低下を招いているから、販売はやめるべきだ」とか、「商品Bをやめれば利益率は20％のままで売上総利益は600だったはず」と考えるのは合理的ではない。

第3節　補論：人工知能の業務への影響

　2022年にChatGPTが登場し、対話型AI（人工知能）の利用が法人業務から個人生活にまで浸透を始めた。その基盤技術であるディープ・ラーニング（Deep learning：深層学習）の応用例は産業界のみならず、金融業界にも浸透し始めている（図表1－3－1、1－3－2）。

　これまでも信用評価において統計的手法は用いられてきたが、これまでは主に決算書情報等の数値データに基づくものであった。応用統計学の進歩により定性情報までも広く取り込むことができ、実用化の環境が整ってきた現在、その評価精度は飛躍的に向上する。しかもネット情報も自動収集し、その分析プロセスもこれまで以上にブラックボックス化する。

　つまり「ネット情報を収集する」「分析する」「与信判断をする」、さらにはChatGPTのような対話型AIにより「報告書にまとめる」「報告書に関する質問に応える」という作業まで自動化される。2023年時点では不正確、不十分、不適切な面が指摘されているが、数年以内に実用レベルに達する可能性がある。一度そのレベルに達してしまえば人間と違って知識の継承や再教育

図表1－3－1　AI関連用語の関係

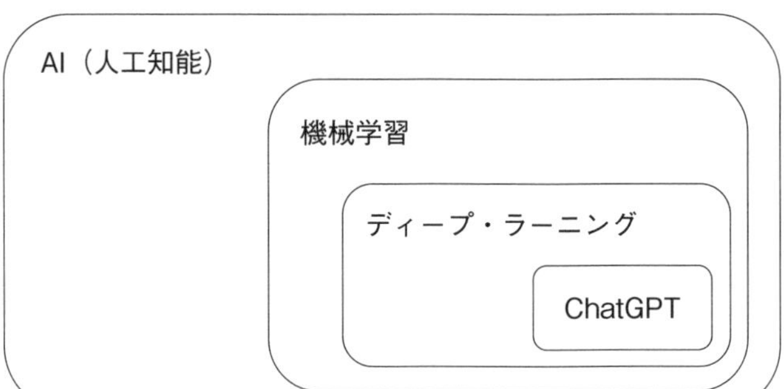

AI（人工知能）
　機械学習
　　ディープ・ラーニング
　　　ChatGPT

図表1-3-2　AIが活用できる金融機関の業務分野

当初からのAI活用用途 「コスト削減（業務効率化）」 が主目的	近年のAIの活用検討用途 「新たなサービスの提供」や 「業務・サービスの質の向上」が目的
①コールセンター業務の効率化 ②社内業務における蓄積情報の有効活用 ③自動応答（チャットボット） ④店頭等における人型ロボットの活用 　AIと人間の協働	⑤投資支援 　－市場予測、アルゴリズム取引の高度化 ⑥資産管理・運用 　－ロボアドバイザーの高度化　　顧客視点 ⑦マーケティング支援 　－顧客情報や取引情報などをもとにした、マーケット分析の高度化 ⑧信用評価 　－融資業務におけるAIを活用した審査 ⑨コンプライアンス（不正検知・規制対応） 　－取引パターンを分析し、不正取引を検知 　－専門性を有する高度審査のサポート

（出所）　日本銀行「AIを活用した金融の高度化とDX、AIを活用した金融の高度化に関するワークショップから得られた知見」2019年（https://www.boj.or.jp/finsys/c_aft/data/aft191217a2.pdf）

は不要で、しかもデータの蓄積とネット情報の拡大に伴って年々予測精度は向上していく。

　このような技術背景を考えるとわれわれは「財務比率を計算できる、解釈できる、報告書を作成できる」にとどまらず、その先を考えていく必要がある。

第2章
安全性指標

第 1 節　安全性指標の概観と限界

1　安全性指標の概観

安全性とは「倒産のしにくさ」を表す指標である。よって融資を実行する金融機関側にとって重要な指標である。代表的な安全性指標は下記のものがある。

貸借対照表	短期的安全性	流動比率
		当座比率
	長期的安全性	自己資本比率
		負債比率
		固定比率、固定長期適合率
損益計算書		インタレスト・カバレッジ・レシオ
B/S、P/Lの組合せ		手元流動性（現預金月商比率等）
キャッシュフロー計算書		キャッシュフロー・インタレスト・カバレッジ・レシオ 営業CF対有利子負債比率 営業CF対投資CF比率

キャッシュフロー計算書関連の指標は第5章で解説する。上場企業の信用度を調査する専門機関である格付会社による格付については第9章第2節を参照されたい。

2　安全性指標の限界

財務指標は有用なものであることに間違いはないが、「いかなる状況も適切に反映する」ものではない。これはあらゆる指標についていえることであ

り「万能の指標」など存在しない。だから「どのような状況の場合に機能しないのか」を具体的にイメージできなければならない。

(1) 無借金でも、黒字でも倒産する

無借金でも倒産することは零細事業ではよくあることであり、また「黒字倒産」というケースをどこかで耳にしたことがあるのではないだろうか。ところがこのようなケースに対して貸借対照表と損益計算書に由来する代表的な財務比率は有効に機能しない。これは簿記の原理に由来する根本的な限界である。この点に関しては第3章第5節を参照されたい。

要は「黒字でも無借金でも、支払いのための現金が不足した」場合に企業は倒産するのである。この限界を補完するのがキャッシュフロー関連の安全性指標である。もちろんキャッシュフロー関連の財務比率にも限界があり、万能ではない（第5章参照）。

(2) 「固定負債」からの長期的安全性評価には限界がある

貸借対照表の自己資本（純資産）や固定負債から「長期的安全性」の指標が計算されるが、あくまで「期末日現在」に存在する長期借入金等をもとにした指標にすぎない。したがって長期的な要因をすべて反映しているわけではない。固定負債には「翌月に支払わねばならない給与」さえ計上されていないことを忘れてはならない（第1章参照）。

(3) 「過去の経緯」だけから「将来の倒産を予想する」のは無理

決算書は「過去の情報」である。われわれが知りたいのは「将来の倒産の可能性」である。だから決算書情報だけから評価するのは限界がある。具体的には「主要な顧客の喪失」や「外部環境の変化による経営悪化」である。怖いのは貸倒れだけではない。特に大企業相手の場合、調達先が国内から海外に変わることはこれまでも頻繁に起こってきた。また、「コロナによる影響が3年に及ぶ」ような事態も決算書の分析だけからはうかがい知ることはできない（第1章参照）。

(4) 粉飾の影響を受ける

上場企業の場合、監査法人等の外部監査を受けることが義務づけられているため粉飾の可能性は未公開企業よりも低いが、一般の中小零細企業の場

合、程度の差こそあれ事実上の粉飾が行われているケースは少なくないと考えるべきである。

　特に経営危機に瀕している企業ほどその傾向は強いのは当然であろう。したがって表面的な財務比率だけ計算して評価すると実態をとらえ損なうことになる。第8章で粉飾に関して解説しているので参照されたい。

第2節 流動比率

1 流動比率の意義

短期的安全性の代表的な財務比率として流動比率がある（図表2-2-1、2-2-2）。

$$流動比率 = \frac{流動資産}{流動負債}$$

図表2-2-1 流動比率

流動資産	現預金 受取手形・売掛金 在庫 その他流動資産	流動負債	支払手形・買掛金 短期借入金 その他流動負債
固定資産		固定負債	
		純資産	

図表2-2-2 2018年度の流動比率（全産業・全規模）は144.5%

※業種別・資本金別　　　　　　　　　　　　　　　　　　　　　（単位：%）

業種＼資本金	1,000万円未満	1,000万～1億円	1億～10億円	10億円以上
製造業	158.5	191.9	145.9	135.6
非製造業	135.5	163.2	143.7	128.6

（出所）　財務省「法人企業統計調査からみる日本企業の特徴」(https://www.mof.go.jp/pri/reference/ssc/japan/index.htm)

流動資産は「1年以内に現預金になる予定の資産※」である。売却目的で商品を仕入れ、あるいは製品を製造し（棚卸資産）、売却によって「売掛金・受取手形」を経由して最終的に「現預金」になることが予定されている。

※　厳密には正常営業循環基準であり、1年を超えて現金化されることもある。

　これに対して固定資産（土地、建物、機械、車両等）は「売却して現金化」することを前提にしていない（売却を目的とする土地・建物等は棚卸資産として流動資産に計上される）。したがって「支払い」には充当できない資産である。

　「1年以内に現預金になる予定の流動資産」と「1年以内に支払わねばならない流動負債」とを比較するのが流動比率である。もちろん、支払手段たる流動資産のほうが大きくなければならない。

$$\text{あるべき状態：流動資産} > \text{流動負債} \rightarrow \frac{\text{流動資産}}{\text{流動負債}} > 100\%$$

　流動資産が流動負債よりも大きい場合でも短期的に資金繰りに支障をきたす可能性はある。「1年以内に支払わねばならない」のは期末時点（202X年3月31日）の流動負債だけではない。翌月（202X年4月）には給与等の毎月の諸経費を支払わねばならないが、これは流動負債にも固定負債にも計上されていない。つまり仮に流動負債がゼロであったとしても短期的に資金繰りに支障をきたす可能性がある。いずれにしても流動比率のみで安全性の評価をすべきではない。

　支払手段たる流動資産のほうが不足していると、1年以内に財務的危機が危惧される。これが短期的安全性とされる理由である。

$$\text{危うい状態：流動資産} < \text{流動負債} \rightarrow \frac{\text{流動資産}}{\text{流動負債}} < 100\%$$

ただし、流動資産側には在庫があり、売れるまでは現金化しないので100％さえ超えていればよいというものではない。「十分に大きい」必要があるのだが、それがどれくらいなのかが問題になる。流動比率だけで「この水準を超えれば安全、下回れば危険」というわけにはいかない。あくまで目安としてだが、中小企業の場合、同業他社の平均と比較することが一般的に行われている。

2　流動比率の変化要因

一時点の流動比率だけで安全性を評価するのは困難である。そこで趨勢（時系列変化）をみることによって「安全性が高まっているか」「安全性が悪化しているか」を検証することになる。

しかし、単に「流動比率が大きくなっているから安全性が高まっている」、あるいは「流動比率が小さくなっているから安全性が低下している」と判断すべきではない。流動比率が増減した原因により、安全性への影響を判断すべきである。

以下に流動比率が増減する代表的な原因を紹介する。

(1) 当期純利益による流動比率の上昇

最も基本的で望ましい流動比率の向上は「在庫が売れて、現預金あるいは売上債権になる」瞬間に生ずる。もちろん、仕入原価よりも高い価格で売れること、売上総利益が確保できることが条件である。

流動資産 +2	現預金 受取手形・売掛金　+10 在庫　　　　　　　▲8	流動負債
		固定負債
固定資産		純資産 +2

ただし、仕入原価以外に諸経費を支払うとその分だけ現預金が減少するので流動比率は低下する。最終的な税引後利益が確保できた場合に流動比率が向上するといえる。逆にいえば利益が確保できない場合、流動比率は低下す

ることになる。

(2) 長期借入れで現金保有による流動比率の上昇

長期で借り入れ、現預金で保持すると流動比率は向上する。たしかに「短期的な資金繰り」は改善されるが、売上不振による流動比率の悪化があった場合、根本的な問題解決にはならず時間稼ぎの効果しか期待できない。

流動資産 +10	現預金 +10	流動負債	
		固定負債 +10	長期借入金 +10
固定資産		純資産	

逆に長期借入金を前倒しに返済した場合、現預金（流動資産）の減少、固定負債の減少になるので流動比率は悪化する。

流動資産 ▲10	現預金 ▲10	流動負債	
		固定負債 ▲10	長期借入金 ▲10
固定資産		純資産	

(3) 自己資金で設備投資による流動比率の低下

設備投資の資金を、全部あるいは一部を手元現預金の取崩しで充当した場合、流動資産は減少し固定資産は増加する。よって流動比率は低下する。しかし、自己資金による投資は一律には「経営の悪化」とは判断できないであろう。もちろん、全額長期借入れ（固定負債）でまかなった場合には流動比率の低下は回避できる。

流動資産 ▲10	現預金 ▲10	流動負債	
固定資産 +10	機械等 +10	固定負債	
		純資産	

(4) 金融庁の短コロ（短期継続融資）容認の影響　中小企業　Level 2

　2014年に閣議決定された「まち・ひと・しごと創生総合戦略」をふまえ、2015年に金融庁は「金融検査マニュアル別冊〔中小企業融資編〕」（現在は廃止）で新たな事例の追加により、正常運転資金の範囲内での短期継続融資を積極的に認める方向に転換した。それまでは「無担保の、実質的に返済しない」ことをもって不良債権ではないかと猜疑心をもって検査対象としていた。

　これを受けて金融機関では長期融資から正常運転資金内の短期融資へ切り替える実例が増加した※。企業にとっても「実質的に返済不要」の借入れになるため、資金繰りが楽になる。

※　金融庁が「金融検査マニュアル別冊〔中小企業融資編〕」によって懸念視する前の状態に戻ったともいえる。

　長期借入れから短期借入れに振り替えられることにより、流動負債の増加、固定負債の減少がもたらされ、流動比率が低下するが、これは短期的安全性の低下を意味しない変化である。

　ただし、企業の継続性に重大な疑義が生じた場合の、金融機関の判断による長期借入れから短期借入れへの変更という事態もある（期限の利益喪失等）ため、一律には判断できない。

流動資産		流動負債	短期借入金	＋10
		固定負債	長期借入金	▲10
固定資産				
		純資産		

(5) 1年以内に返済予定の長期借入金　中小企業

　「1年以内に返済予定の長期借入金」は固定負債ではなく、流動負債に分類すべきである。中小企業の場合、この表示を徹底しているところばかりではない。表示を適正に修正した場合、流動比率は低下することになる。

流動資産		流動負債	1年以内に返済予定の長期借入金　＋10
固定資産		固定負債	長期借入金　▲10
		純資産	

(6) **粉飾（架空売上（架空売掛金）、在庫の水増し）**

　架空売上を計上すると流動資産に架空売掛金が計上されるので、流動比率は上昇する。もちろん、架空の売掛金が現金回収されることはないので安全性が高まることはない。

　同様に在庫を水増ししても流動資産は増加し、流動比率は上昇してしまう。このように古典的な粉飾の手法で流動比率は影響を受けてしまう※。

※　これらの粉飾による影響を排除できるのがキャッシュフロー計算書の強みである。

流動資産 ＋20	架空売掛金　＋10	流動負債	
	在庫水増し　＋10	固定負債	
固定資産		純資産 ＋20	

(7) **預金担保、コミットメントラインが設定されている場合**

　預金担保、コミットメントラインが設定されている場合、流動比率の計算・評価には注意が必要である。詳細は後述の当座比率で解説する。

3　売掛金の決済条件が長期化すると流動比率は変化するか

　売掛金の決済条件が長期化した場合、売掛金の残高は増加する。売上、利益等に変化はないとしよう。では流動比率は大きくなるだろうか。

流動資産	流動負債
売掛金↗	固定負債
固定資産	
	純資産

　貸借対照表を離れて考えよう。売掛金の入金が遅れるとたしかに売掛金は増加する。しかし、入金されるはずの現預金が入金されないのである。その分だけ現預金が減少する。したがって流動資産全体に変化はないことになるので流動比率に変化は生じないことになる。

流動資産	流動負債
現預金↘	固定負債
売掛金↗	
固定資産	
	純資産

　ただし、現預金の残高以上に売掛金が増加したら（入金が遅れたら）諸支払いが滞ることになるので現預金の調達をしなくてはならない。短期借入金で資金調達すると流動負債が増加する。長期借入金だと固定負債が増加して流動負債に変化はない。増資によれば純資産が増加し、流動負債は変化しない。これらの資金調達の影響を受けて流動比率は多かれ少なかれ変動することになる。

流動資産	流動負債↗
売掛金↗	固定負債↗
固定資産	
	純資産

4 【事例1】江守グループホールディングス、架空売上（架空売掛金）

　東証プライムに上場していた江守グループホールディングスは、中国の現

図表2-2-3　江守グループホールディングス　　　　（単位：億円）

	2010年	2014	2015
現預金	27	151	87
受取手形・売掛金	183	657	273
在庫	28	60	63
その他	14	54	21
流動資産	252	922	444
支払手形・買掛金	108	223	127
短期借入金	90	308	482
その他	23	94	71
流動負債	221	625	680
流動比率	114%	148%	65%

（出所）　有価証券報告書より作成

地法人の責任者が不正な「売戻し取引」により数百億円の横領をしていることが発覚し2015年に上場廃止・経営破綻した（図表2-2-3）。

中国法人の責任者は親族の架空企業に対し商品を引き渡して売上を計上、引き渡した商品を仕入として再び引き取っていた。仕入代金支払いのかたちで現預金を横領、架空の売掛金は入金されることなくふくらみ続けた。横領が発覚するまでの期間、流動比率は売掛金の増加に伴い増加しているが、当然ながら短期的安全性が向上したわけではない。架空売上が判明した時点で流動比率は100％を大きく下回った。

このように架空売上・架空売上債権の計上に伴い、流動比率が増加することに注意が必要である。また、実在の売上債権の場合でも、主要な取引先に貸倒れが発生した場合、流動比率は悪化することになる。

5　【事例2】アーバンコーポレイション、仕入先行による負担

東証1部に上場していたアーバンコーポレイションの事例は、粉飾はな

図表2-2-4　アーバンコーポレイション　（単位：億円）

	2007年	2008
現預金	602	453
受取手形・売掛金	26	23
在庫	2,930	4,378
その他	420	709
流動資産	3,978	5,563
支払手形・買掛金	70	127
短期借入金	1,454	1,723
その他	492	635
流動負債	2,016	2,485
流動比率	197%	224%

（出所）　有価証券報告書より作成

かったにもかかわらず、流動比率が短期的安全性を意味しなかったケースである。アーバンコーポレイションは不動産開発事業で、売上拡大以上のスピードで販売用不動産の取得を先行させた。取得資金は、仕入れた不動産を担保に金融機関による長期借入れにより調達した。販売用不動産は在庫として流動資産に計上され、長期借入れは固定負債のため流動比率は大きくなった（図表2-2-4）。

　しかし、金融機関からの資金調達が不調になると一気に資金繰りに窮し、2008年に上場廃止、事実上経営破綻した。

　在庫は「売れれば現預金になる」が、マンション開発のように在庫が販売できるようになるまで時間がかかる場合、流動比率による短期的安全性の評価の有効性に限界がある。

第3節　当座比率

1　当座比率の意義

$$当座比率 = \frac{当座資産}{流動負債} = \frac{現預金 + 受取手形・売掛金}{流動負債}$$

（注）　流動資産に有価証券等の換金可能性が高い資産があった場合、当座資産に含める。

　流動比率は「受取手形・売掛金の回収可能性」「在庫の販売可能性」に疑義がある場合、財務指標として機能しなかった。当座比率は「在庫の販売可能性」を排除した財務比率である。「受取手形・売掛金の回収可能性」の問題は残るものの、より厳格に安全性を評価した指標といえる（図表2－3－1、2－3－2）。

図表2－3－1　当座比率

流動資産	当座資産 　現預金 　受取手形・売掛金	流動負債	支払手形・買掛金 短期借入金 その他流動負債
	在庫 その他流動資産	固定負債	
固定資産			
		純資産	

図表2-3-2　2018年度の当座比率（全産業・全規模）は89.2%

※業種別・資本金別　　　　　　　　　　　　　　　　　　　　　　（単位：%）

業種＼資本金	1,000万円未満	1,000万～1億円	1億～10億円	10億円以上
製造業	122.8	138.9	92.4	83.6
非製造業	100.3	109.2	86.9	65.1

（出所）　財務省「法人企業統計調査からみる日本企業の特徴」（https://www.mof.go.jp/pri/reference/ssc/japan/index.htm）

2　当座比率に影響する要因

(1)　金融庁の短コロ（短期継続融資）容認の影響　中小企業

金融庁が正常運転資金の範囲内での短期継続融資を積極的に認める方向に転換したことを受けて、長期借入金から短期借入金へ切り替えることがある。この場合、当座比率は低下するが、短期的安全性の低下を意味しない。詳細は前節を参照されたい。

(2)　預金等に質権設定（預金担保）　中小企業

貸付金等の担保として、定期預金に（場合によっては普通預金にも）質権が設定されることがある。これを預金担保という。質権が設定されている場合、自由に支払いに充当できないので、短期的安全性に悪影響がある。したがって流動比率・当座比率を計算する際、預金担保と対応する借入金（多くの場合、長期借入金）を相殺する等の配慮が必要である。

流動資産	当座資産　現預金　担保預金　▲100　受取手形・売掛金	流動負債	支払手形・買掛金　短期借入金　その他流動負債
	在庫　その他流動資産	固定負債	長期借入金　▲100
固定資産		純資産	

(3) コミットメントラインが設定されている場合　大企業

　トヨタ等の大企業※は金融機関とコミットメントライン契約を締結している場合がある。コミットメントラインはあらかじめ設定した融資額の枠内（極度額）で、いつでも借入れ・返済ができる融資契約である。

※　コミットメントラインは借入れの有無にかかわらず一定の手数料が発生し、利息制限法に抵触する可能性がある。大企業向けのサービスである。

　コミットメントラインを締結している企業は、現預金の保有を必要最低限にできる。このような場合、当座比率が低いからといって短期的安全性に懸念があると判断すべきではないだろう。

　コミットメントラインは金融機関との良好な関係から手元現預金を最低限にできる機能である。逆に金融機関には頼らない方針の企業もある。大王製紙は業界4位の中堅製紙会社であるが、業界最大手の王子製紙の2倍の現預金を保有している（両社ともコミットメントラインは採用していない）。年間売上等の企業規模からみても明らかに大王製紙の現預金は突出して多い。これは大王製紙の経験からきているのかもしれない。大王製紙は1943年に設立、1957年には東京証券取引所に上場したものの、5年後の1962年に会社更

図表2－3－3　大王製紙、王子製紙の現預金保有高

2023年3月期比較　　　　　　　　　　　　　　　　（単位：億円）

	大王製紙	王子製紙
現預金	1,026	508
受取手形・売掛金	1,068	3,743
流動資産	3,551	7,887
総資産	9,235	22,960
流動負債	2,528	6,870
売上	6,462	17,066
流動比率	140%	115%
当座比率	83%	62%
現預金月商比率	1.9カ月	0.4カ月

（出所）　有価証券報告書より作成

生手続を開始し1963年に上場廃止となった。その後、1988年に東京証券取引所に再上場し現在に至っている（図表2－3－3）。

第4節 自己資本比率、負債比率

1 自己資本比率、負債比率の意義

$$自己資本比率 = \frac{純資産}{資産}$$

$$負債比率 = \frac{負債}{純資産}$$

　自己資本比率、負債比率ともに「負債は少ないほうがよい」「自己資本（純資産）は多いほうがよい」とする財務指標である（図表2-4-1、2-4-2、2-4-3）。なお、本節では「純資産＝自己資本」とする。連結ベースの株主資本、自己資本、純資産の違いは第3章第2節を参照され

図表2-4-1　自己資本比率

資産		負債	
		純資産	

図表2-4-2　負債比率

資産		負債	
		純資産	

図表２－４－３　2018年度の自己資本比率（全産業・全規模）は42.0%

※業種別・資本金別　　　　　　　　　　　　　　　　　　　　　　（単位：%）

業種＼資本金	1,000万円未満	1,000万～1億円	1億～10億円	10億円以上
製造業	25.7	45.7	47.8	52.4
非製造業	18.7	40.2	40.0	41.8

（出所）　財務省「法人企業統計調査からみる日本企業の特徴」（https://www.mof.go.jp/pri/reference/ssc/japan/index.htm）

たい。

2　自己資本比率、負債比率の留意点

(1)　固定負債の返済条件が反映されない

　固定負債は「支払期限が１年超後の負債」であるが、返済期間・返済方法に関する情報は開示されない。一時払い※か分割か、返済期間が３年か10年かで資金負担が大きく変わる。

※　退職金等は一時金が原則だが、大企業の場合は年金払制度もある。

(2)　上場企業の場合、無借金経営が理想とはいえない

　未公開企業の場合、無借金経営を理想として問題ないが、上場企業の場合、「株価を維持・向上させること」が至上命題になるので無借金経営が理想とはいえない。純資産（自己資本）と負債（他人資本）とのバランスに関しては第９章で解説しているので参照されたい。

(3)　社長借入れ　中小企業

　中小企業にみられる「社長借入れ」の評価はむずかしい。

　まれなケースであるが、裕福な経営者が法人に資金を提供するにあたって全額資本金とするのではなく、一部を貸付け（法人にとって借入れ）とすることがある。資本金として拠出すると法人から個人へ資金移動するとき、配当金または企業から個人への貸付けになる。経営者個人から法人への貸付けとしておけば「借入れの返済」というかたちで自由度が高くなる。この場合、返済を強制的に迫られることはないので事実上の資本金（純資産）とみ

なせる。

流動資産		流動負債	
		固定負債	
固定資産		社長借入れ	← 富裕層の場合 事実上の純資産
		純資産	

　実務で多いケースは、資金繰りに窮した企業が、経営者個人名義で借り入れた資金を法人名義の口座に移すことである。このような場合、実質的な債権者が増えることを意味するので、返済猶予の計画や債権回収が複雑になる。

流動資産		流動負債	
		固定負債	
固定資産		社長借入れ	← 個人名義による 外部借入れの可能性
		純資産	

　さらに経営者個人名義の口座から法人名義の口座に移すとき、相手勘定として「社長借入れ（長期借入金）」を使うのが正しい経理であるが、それをすると「他からの借入れがあること」が露見するため「雑収入」や「売上」を使うこともある。もちろん、これは違法な粉飾である。

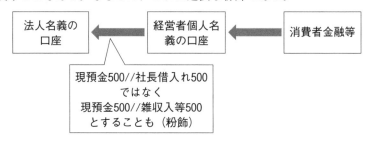

(4) リース資産・債務の簿外処理　中小企業

　中小企業におけるリース会計処理は、会計年度に発生したリース料を費用

処理するのが通例である。したがってリース資産およびリース負債は簿外となっている。リース会計基準を適用した場合、リース資産を固定資産に、翌期1年以内に発生するリース料を流動負債に、それ以降リース終了時までのリース料相当額を固定負債に計上する。資産と負債との双方に同額計上することになるので、純資産に与える影響は軽微である。

流動資産			流動負債	リース債務	+10
			固定負債	リース債務	+90
固定資産	リース資産	+100	純資産		

ただし、リース料を滞納した場合、リース資産はリース会社に回収され利用できなくなるうえ、リース違約金を一時払いすることを要求される。違約金は物件・契約により異なるが、リース債務相当額になることが多いので、大きな損失を計上することになる。

流動資産			流動負債	リース違約金	+100
			固定負債		
固定資産	リース資産	0	純資産	利益剰余金	▲100

第5節 固定比率、固定長期適合率

1 固定比率、固定長期適合率の意義

$$固定比率 = \frac{固定資産}{純資産}$$

$$固定長期適合率 = \frac{固定資産}{純資産＋固定負債}$$

　流動比率の場合、「流動資産は（流動負債より）多いほうがよい」という方向で評価されたが、固定比率、固定長期適合率の場合、「固定資産は（純資産等より）少ないほうがよい」とされるのが特徴である（図表2－5－1、2－5－2）。

　流動資産は売上債権・在庫等の「1年以内に現預金になる」ことが予定されている資産であるのに対して、固定資産は店舗・工場・事務所用の土地、建物、機械、車両などで「現金にすることを予定しない」資産である。もち

図表2－5－1　固定比率

流動資産		流動負債	
固定資産	土地 建物、機械、車両	固定負債	
		純資産	資本金 利益剰余金

図表2－5－2　固定長期適合率

流動資産		流動負債	
		固定負債	長期借入金 退職給付引当金
固定資産	土地 建物、機械、車両	純資産	資本金 利益剰余金

ろん、売却可能な資産もあるだろうが取得時の目的は「売却」ではなく、自社で使用し、売上に貢献することが目的である。土地などの非償却性資産を除き、建物等の償却性資産は減価償却費を通して費用化される。

経営が順調であれば固定資産は直接流動・固定負債の支払いに充当されることはないので「少ないほうがよい」とされるのである。

ただし、「経営上、固定資産の取得は避けるべき」ということにはならないことに留意が必要である。あくまでも「一般的な財務指標の一つ」にすぎない。

2　固定長期適合率は流動比率の裏側

固定長期適合率の裏側をみると流動比率になっていることがわかる。

流動資産	流動負債
	固定負債
固定資産	純資産

流動資産	流動負債
	固定負債
固定資産	純資産

「固定資産＜固定負債＋純資産」ならば必ず「流動資産＞流動負債」である。つまり、固定長期適合率が100％未満で「良好」ならば流動比率は必ず100％以上で「良好」になる。逆も当然に成り立つ。つまり、この二つの指標では「長期的安全性＝短期的安全性」になり、「短期的には安全だが、長期的には懸念される」という事態はありえない。

第5節　固定比率、固定長期適合率

第6節　インタレスト・カバレッジ・レシオ

1　インタレスト・カバレッジ・レシオの意義

$$\text{インタレスト・カバレッジ・レシオ} = \frac{\text{事業利益}}{\text{支払利息等}}$$

$$= \frac{\text{営業利益} + \text{受取利息} + \text{受取配当金}}{\text{支払利息等}}$$

インタレスト・カバレッジ・レシオ（Iterest coverage ratio）は貸借対照表の資産から生み出される事業利益（預金からの受取利息、事業用資産からの営業利益、投資有価証券からの受取配当金の合計。第3章参照）と有利子負債から生じる支払利息とを比較したものである（図表2－6－1）。

インタレスト・カバレッジ・レシオは負債残高を考慮していない。借入元本の返済が必要なく、利息だけ支払っていればよいのならば「事業利益＞支払利息」であれば問題がないことになる。

つまりインタレスト・カバレッジ・レシオは100％以上であればよいはず

図表2－6－1　インタレスト・カバレッジ・レシオ

損益計算書

営業外	営業利益	事業利益
	受取利息・配当	
	支払利息	
	経常利益	

図表2－6－2　事業利益のイメージ

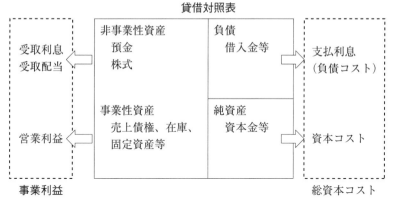

(注)　預金や投資有価証券は非事業性資産と呼ばれる。非事業性資産から生じる受取利息・配当も事業利益を構成することになる。用語が一貫性に欠ける印象がある。

だが、現実には元本部分の返済が必要なので「2～10倍必要」とされる。大まかにいえば、借入金利によって支払利息と元本返済との大小関係が変わるからであり、返済期間の長短によって年間の元本返済額が変わるからである（図表2－6－2）。

2　インタレスト・カバレッジ・レシオは元本返済を考慮していない

インタレスト・カバレッジ・レシオは支払利息しか反映しておらず、元本部分の返済負担を考慮していない。

そこで「支払利息は同じ」だが「元本部分の返済負担が異なる」場合、「元利返済に必要なインタレスト・カバレッジ・レシオ」がどのくらい異なるかを例示しよう。

借入元本と金利		返済初年度に必要な事業利益からのインタレスト・カバレッジ・レシオ （法人税は考慮せず）
ケース1 借入元本1,000億円 金利2％、4年均等返済 　支払利息　　20億円 　元本返済　250億円 　元利合計　270億円	どちらも支払利息20億円	$\dfrac{270億円}{20億円} = 13.5倍$
ケース2 借入元本400億円 金利5％、10年年均等返済 　支払利息　　20億円 　元本返済　40億円 　元利合計　60億円		$\dfrac{60億円}{20億円} = 3.0倍$

（注）　計算を簡便にするために「支払利息＝当初元本×金利」「元本返済＝当初元本÷返済年数」としている。

　ケース1とケース2とで、当年度の支払利息は20億円と同じだが、ケース1の元本返済負担額は年250億円なのに対しケース2は40億円で負担が少ない。ケース2で「元利返済に必要なインタレスト・カバレッジ・レシオ」が3.0倍であるのに対しケース1は13.5倍になる。

　両者のインタレスト・カバレッジ・レシオを計算して単純に大小関係で比較することの危険性がわかるだろう。

　なお、上記は法人税等の負担を考慮していない。事業利益は税引後部分だけ返済に充当できる（一方、支払利息は損金算入できるので法人税を軽減する効果がある）。必要な事業利益から計算されるインタレスト・カバレッジ・レシオはより大きくなる。

　また「利益と支払能力が一致する」という前提で計算している。したがって「無借金で黒字の企業でも倒産する」という状況では機能しない。インタレスト・カバレッジ・レシオに限った話ではないが、別の企業評価において単独の指標だけで判断すると誤解が生じる。

ここまでの解説ではインタレスト・カバレッジ・レシオは「使えない指標」のような印象を与えるが、格付機関は格付に必要な財務指標として採用していることを付け加えておく。

第7節　手元流動性（現預金月商比率）と保証債務

1　手元流動性（現預金月商比率）の意義

$$手元流動性（\%） = \frac{現預金}{売上高}$$

$$現預金月商比率（月分） = \frac{現預金}{売上高 \div 12\text{カ月}}$$

　手元流動性（現預金月商比率）は、負債とのバランス等を考慮していないので厳密ではないが、その「わかりやすさ」と「短期資金計画の立てやすさ」から利用される。その際、月商2カ月分が目標とされることが多い（図表2－7－1、2－7－2、2－7－3）。

2　資金計画における現金保有高の目安　中小企業

　手元流動性（現預金月商比率）は融資に際して提出される月次資金計画の月末現金残の検証にも利用できる。計画作成中に現預金残がマイナスになる月が生じた場合、経営者はプラスになるようにつじつま合わせをする。
　その場合、周辺の月の現預金残が「月商2カ月分」を大きく下回っている

図表2－7－1　手元流動性（現預金月商比率）

貸借対照表		損益計算書
現預金	負債	売上
	純資産	…

図表2-7-2　2018年度の手元流動性（全産業・全規模）は15.4%

※業種別・資本金別　　　　　　　　　　　　　　　　　　　　　　　（単位：%）

業種＼資本金	1,000万円未満	1,000万〜1億円	1億〜10億円	10億円以上
製造業	20.2	22.5	12.2	14.2
非製造業	19.3	19.7	9.7	12.1

（出所）　財務省「法人企業統計調査からみる日本企業の特徴」（https://www.mof.go.jp/pri/reference/ssc/japan/index.htm）

図表2-7-3　現預金月商比率のメド

資本金1,000万円未満	手元流動性	現預金月商比率
製造業	20.2%	2.4カ月分
非製造業	19.3%	2.3カ月分

ことが多い。

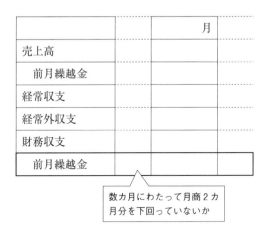

3　債務保証の存在　中小企業

　大企業でも中小企業でも、債務保証が存在しても正常時であれば貸借対照表に計上されることはない。中小企業の場合、現状、経営者が自社の債務の連帯保証人になることはまだまだ多い※。それに加えて、仲のよい経営者間

で互いの借入れに第三者保証を提供し合ったりすることが珍しくない。

※　金融庁は金融仲介機能のベンチマークで「担保・保証依存の融資姿勢からの転換」を求めている。

　大企業の場合は、債務保証は注記事項として開示することが求められており、保証債務が発生しそうな場合、引当金を計上することになっている。しかし、中小企業の経営者個人の保証の場合、会社の決算書に計上されることはない。財務面に問題がない企業が提供した保証によって倒産に追い込まれることは珍しくない。

第3章
収益性指標

第1節 売上高利益率

1 制度会計上の利益

本書は中小企業の決算書を想定している。したがって中小企業向け日本基準の、（連結ではなく）単体の損益計算書は以下のようになる。

制度会計の損益計算書

売上
売上原価
売上総利益
販売費及び一般管理費
営業利益
営業外損益（支払利息）
経常利益
特別損益（固定資産の売廃却等）
税引前利益
法人税等
当期純利益

本書では、会社を買収することをイメージしながら各段階の利益について解説する。

(1) 売上総利益

売上総利益は買収対象会社の商品販売網だけを取得したときに得られる利益である。この会社の従業員や設備（販売費及び一般管理費。以下「販管費」という）、そして借入金（支払利息）、法人税等とは切り離されている。

(2) 営業利益

営業利益は商品販売網の取得に加え、買収対象会社の従業員や設備を引き継いだ場合に得られる利益である。借入金（支払利息）、法人税等とは切り離されている。買収する側が管理部門を拡大することなく営業を引き継げるのであれば、売上高総利益がそのまま営業利益の増加をもたらすことが期待できる。

(3) 経常利益

経常利益は商品販売網、従業員や設備のほかに借入金を引き継いだ場合に得られる利益である。法人税等とは切り離されている。

(4) 税引前利益

経常利益から固定資産の除廃却損益等の臨時損益を特別損益として加味したものになる。文字どおり法人税を負担する前の利益である。

米国会計基準では固定資産の除廃却損益も営業利益段階に含める。日本基準でも「金額が少ないもの、毎期定常的に発生するもの」は経常利益段階に含めることができることとされている。

(5) 当期純利益

借入金等の負債を含め会社全体を取得した場合に得られる最終的な利益である。

2 制度会計外の利益概念

企業評価において、制度会計による各段階の利益のほかに、事業利益やNOPAT、EBIT、EBITDA等が登場する。ここでは、それらの定義と利用目的について解説する。ただし、制度会計で規定されたものではないので、利用者によって定義が異なることがある。

(1) 事業利益

事業利益は貸借対照表の資産側が生み出す利益を合計したものである。資本の調達と切り離して議論したい場合に利用される（図表3－1－1）。

図表3−1−1　事業利益のイメージ

(注)　預金や投資有価証券は非事業性資産と呼ばれる。非事業性資産から生じる受取利息・配当も事業利益を構成することになる。用語が一貫性に欠ける印象がある。

図表3−1−2　営業利益、経常利益、事業利益の関係

制度会計

営業利益		事業利益
営業外損益	受取利息・配当	
	支払利息	
経常利益		

事業利益＝営業利益＋受取利息・配当

　事業利益はインタレスト・カバレッジ・レシオで用いられる。
　制度上の経常利益では支払利息が混入してしまうので、事業利益という概念を使わざるをえないのである（図表3−1−2）。

図表３－１－３　NOPATのイメージ

(2) NOPAT　Level 2　大企業

$$\text{NOPAT} = 事業利益 \times (1 - 実効税率)$$

事業利益は法人税等を考慮していない。そこで法人税等の負担を加えたものがNOPAT（Net Operating Profit after Tax：税引後事業利益）である。もちろん、支払利息等を控除していないので制度会計上の法人税の負担より大きくなる。その分は負債コストである支払利息に「税軽減効果（利息を払った分だけ法人税等が軽くなる）」を加味する（図表３－１－３）。

法人税等の負担まで考慮するとNOPATと支払利息×（１－税率）を合算すると制度会計上の当期純利益と一致する。

```
NOPAT－支払利息×（１－税率）
＝事業利益×（１－税率）－支払利息×（１－税率）
＝（事業利益－支払利息）×（１－税率）
＝経常利益×（１－税率）
＝経常利益－法人税等　　（特別損益はないものとする）
＝当期純利益
```

(3) EBIT、EBITDA　Level 2　大企業

EBIT（Earnings Before Interest Taxes）は利払前税引前利益、EBITDA（Earnings Before Interest, Taxes, Depreciation, and Amortization）は利払

前税引前償却前利益である。

> EBIT＝経常利益＋支払利息－受取利息（＝営業利益）
> EBITDA＝営業利益＋減価償却費

　EBITDAは、各国の会計基準間で違いが大きい減価償却費や法人税等の影響を排除しているので、異なる会計基準間での比較可能性を高める※。また、格付機関が企業の格付を行う際に、EBITDAと有利子負債とを比較したり、収益性評価の基準としたりすることで採用されている（第9章第2節参照）。

※　ただ、今日では、米国会計基準とIFRS（国際財務報告基準）との歩み寄りと、日本の会計基準のIFRSへの接近により、会計基準による違いは縮小しつつある（詳細は第9章第4節参照）。

(4) 償却前利益

　EBITDAは利払いと法人税の負担を反映していない。償却前利益は当期純利益に減価償却費を加算する。これにより利払いと法人税を負担させることができる。

> EBITDA＝営業利益＋減価償却費
> 償却前利益＝当期純利益＋減価償却費

　収益・費用のうち現金収支を伴わない大きな要素である減価償却費を排除することで「営業活動によるキャッシュフロー」を損益計算書から簡便的に推定しようとしたものである。単に「キャッシュフロー」と慣習的に呼ばれてきたものである。

　ただし、この推定が成立するのは「売上債権・在庫・仕入債務に変動が小さい場合」である。この点については第5章で解説しているので参照されたい。

3 売上高総利益率（粗利率）

(1) 売上高総利益率（粗利率）の意義

$$売上高総利益率 = \frac{売上総利益}{売上}$$

売上高総利益率（粗利率）は売上から売上原価を差し引いた売上総利益から計算される利益率である（図表3－1－4）。

(2) 仕入販売業における売上高総利益率

会社の売却価格の設定において最も重要になるのが売上高総利益率である。仕入販売業においては売上原価が全額変動費となるので、売上に応じて利益金額が比例的に変動する（利益率が一定）と想定できる※。よって販売価格と仕入価格にも敏感に反応する。販売価格を1％上昇させると利益率も1％上昇し、逆に仕入価格が1％上昇すると利益率も1％下落する。

※ 第7章参照。

売上高総利益率（粗利率）は商品ごとに業界共通であることが多い。逆にいえば扱う商品によって利益率が変わる。この利益率の違いは「経営の違い」によるものではなく、「商品の違い」によるものである。よって管理会計上、商品別の利益率も売上高総利益率で把握されるのが通常である。

なお、利益率がテーマだと「販売価格が影響する」ことを連想しやすいが、原価率がテーマになると失念されがちである。原価率も販売価格の影響を受ける。原価率が上昇したからといってコスト側に原因があるとは限らない。販売価格が低下すると売上総利益率が低下すると同時に、原価率が上昇

図表3－1－4　売上総利益

売上
売上原価
―――――――
　売上総利益
―――――――

することを忘れてはならない。

> 売上総利益率（％）＝100％－売上原価率（％）

(3) 製造販売業における売上高総利益率

　注意が必要なのは製造業で、製造原価に固定費の占める割合が多いと売上と利益とが比例的に変動しない。この場合、売上に応じた利益を予測・計画するためには損益分岐点分析を行う必要がある。

　また、仕入販売と違い、この利益の段階で「経営による違い」が大きくなる。たとえば外注するか自製するかの選択で変動費・固定費の区分も異なる。したがって、利益率は「製品固有」ではなく幅が広くなりやすい（図表3－1－5）。

　また製造業においては売上を無視したいたずらな「操業度の向上」による増益は企業の資金繰りを悪化させるので注意が必要である。この点については本章第7節で解説する。

　もちろん、売上高総利益率は販管費、支払利息、法人税等を考慮していないので利益率がプラスであれば十分というものではなく、何パーセントあれ

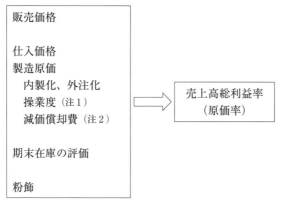

図表3－1－5　売上高総利益率の変動要因

（注1）　操業度による影響は後述。
（注2）　新規の固定資産取得、定率法、耐用年数超過による償却終了等。

ば十分なのかもこの段階では判明しない。

(4) 価格が変動しなくても売上高総利益率は変動する

利益率が異なる商品を販売している場合、売上の構成比（セールスミックス）が変わると全社ベースの売上高総利益率は変動する。下表はX1年度、X2年度の売上に変化はなく、商品AとBの売上高総利益率も変化はない。ただし、売上の構成比が変わったとすると、どうなるだろうか。

	X1年度			X2年度		
	商品A	商品B	合計	商品A	商品B	合計
売上	3,000	1,000	4,000	2,000	2,000	4,000
売上原価	2,400	900	3,300	1,600	1,800	3,400
売上総利益	600	100	700	400	200	600
利益率	20.0%	10.0%	17.5%	20.0%	10.0%	15.0%

このようにセールスミックスが変動すると全社ベースの売上高総利益率は変動する。

(5) 売上高総利益率の低下が悪化とは限らない

第1章第2節で取り上げた数値例を再掲する。X1年度には商品Aだけを販売して売上は2,000、売上総利益は400、売上高総利益率20％だった。X2年度に新たに商品Bの販売を開始し、売上1,000、売上総利益100を獲得した。商品AはX1年度と同じだった。

このケースでは全社ベースの利益率がX1年の20％から16.7％に低下している。しかし、総利益率の低下をもって「悪化した」と判断すべきではないだろう。

この状況に対して「商品Bが原因で利益率の低下を招いているから、販売はやめるべきだ」とか、「商品Bをやめれば利益率は20％のままで売上総利益は600だったはず」と考えるのは合理的ではない。

	X1年度	X2年度		
	商品A	商品A	商品B	合計
売上	2,000	2,000	1,000	3,000
売上原価	1,600	1,600	900	2,500
売上総利益	400	400	100	500
利益率	20%	20%	10%	16.7%

(6) 売上高総利益率は高いほうがよいとは限らない

　一般に利益率は高いほうがよいとされるが、売上高総利益率に関しては一概にはいえない。たとえば思い切った低価格製品で進出したメガネ業界のZoffやJINSの場合、既存の眼鏡メーカーよりも明らかに売上高総利益率は低いはずであるが、いわゆる「薄利多売」により成長を実現した。同じような事例として「100均Shop」や古くは牛丼チェーン店があげられる。

　その一方、トヨタがレクサスブランドで利益率の高い高価格帯の乗用車分野に進出し、ドイツ車・イタリア車等が独占していた高級自動車市場に食い込むことを目指した事例もある。

　このように経営戦略で参入する市場にあわせて意図的に利益率を操作することがある。

(7) 利益率からの「選択と集中」の濫用　　Level 2

　ある店舗の商品別の売上と利益率が以下のようであったとする。

	商品A	商品B	商品C	その他	合計
売上	6,000	2,100	800	100	9,000
利益率	8%	20%	20%	5%	

　この表をみて「「その他」は利益率が低く、売上も少ないので廃止すべき」「「商品A」は売上が大きいものの、利益率が商品B、Cに比べると低いので徐々に商品B、Cに集中すべきだ」という意見が出た。これらの意見は妥当だろうか。

　実はこの店舗はコンビニエンス・ストア（以下「コンビニ」）で、商品

A、B、Cは各々弁当、飲み物、スイーツであった。なお、利益率等の数値は架空のものである。

	弁当類	飲み物	スイーツ	その他	合計
売上	6,000	2,100	800	100	9,000
利益率	8％	20％	20％	5％	
利益金額	480	420	160	5	1,065

　前述の意見を実行すると「飲み物、スイーツに集中する」ことになる。「飲み物とスイーツだけのコンビニ」は繁盛するだろうか。
　コンビニの「その他」とは定規やコンパス等の文房具、雑誌・新聞、ATMや公共料金等の料金収受、宅配便の発送・受取り、コピー等さまざまである。これらの利益率は高くはないが、他の業態にはないコンビニならではの集客力の源泉である。利益率が低いことをもって「廃止」すると「コンビニ」ではなくなり集客力を失ってしまう。
　また、「弁当類をやめたら、飲み物やスイーツの売上が伸びる」だろうか。そもそも弁当の利益金額480は「撤退すべき」ものであろうか。
　もちろん、利益率から「選択と集中」で改善をもたらすケースもあるだろう。しかし、どのような企業・事業部門にも常に適用できるものではないことは明らかだ。財務分析における利益率の把握から一律のコメントをする癖は危険である。

(8)　「売上高総利益率が変動しない」のは粉飾の兆候　中小企業

　前述のように売上高総利益率の変動要因は多い。にもかかわらず中小企業において売上高総利益率が小数点第1位のレベルで前年と同じである場合、粉飾の可能性がある。損益分岐点分析で計画を立てるときと同じ要領で、「利益率を一定」として売上と売上原価を逆算するからである。「変化の理由」にばかり気をとられず、「変化すべきなのに変化しない」場合も見逃さないようにすべきである。

4　売上高営業利益率

(1) 売上高営業利益率の意義

$$売上高営業利益率 = \frac{営業利益}{売上}$$

売上高営業利益率は、売上高総利益から販管費を差し引いたものである営業利益から計算される利益率である（図表3－1－6、3－1－7）。

販管費は人件費等の管理部門に関する費用なので固定費が中心になる。したがって売上が増減しても販管費は変動しにくいので「売上高営業利益率は一定」とは想定できない。売上、営業利益率だけで全社ベースの利益計画を作成するのは困難で、経常利益段階の損益分岐点分析が必要になる。

また、営業利益は支払利息を控除する前なので、資金調達の態様（借入れか自己資金か）の影響を受けない。中小企業のM＆Aが広まりつつある現在

図表3－1－6　売上高営業利益

売上
売上原価
　売上総利益
販売費及び一般管理費
　営業利益

図表3－1－7　2018年度の売上高営業利益率（全産業・全規模）は4.4％
※業種別・資本金別　　　　　　　　　　　　　　　　　　　（単位：％）

業種＼資本金	1,000万円未満	1,000万～1億円	1億～10億円	10億円以上
製造業	1.8	3.5	4.7	5.2
非製造業	2.1	2.8	3.9	7.1

（出所）　財務省「法人企業統計調査からみる日本企業の特徴」（https://www.mof.go.jp/pri/reference/ssc/japan/index.htm）

では、利払い・税引後の経常利益がマイナスであっても、買収する側の資金調達次第では買収する価値がある可能性がうかがえる。

(2) 上場企業のセグメント情報は営業利益ベース　Level 2　大企業

上場企業が公表する有価証券報告書において事業部門別・地域別の利益を開示することが求められている。その際の利益として営業利益が採用されるのが一般的である※。資金調達（支払利息）は事業部門別・地域別ではなく、グループ全体でコントロールされるためである（図表3－1－8）。

※　セグメント会計基準では、利益のほかに資産・負債の開示が求められている。また、開示が求められる利益は営業利益、経常利益、税金等調整前当期純利益（個別財務諸表に係る注記の場合は税引前当期純利益）、当期純利益または親会社株主に帰属する当期純利益のうち、いずれかである。

図表3－1－8　セグメント情報

(単位：百万円)

	当年度（自　2022年1月1日　至　2022年12月31日）				
	機械	水・環境	その他	調整	連結
売上高					
外部顧客への売上高	2,327,990	327,602	23,180	―	2,678,772
セグメント間の内部売上高	257	184	34,787	▲35,228	―
計	2,328,247	327,786	57,967	▲35,228	2,678,772
セグメント利益	237,134	17,250	3,089	▲38,531	218,942
減価償却費及び償却費	66,133	7,748	4,635	6,697	85,213
非流動資産への追加額	135,964	11,809	9,492	36,874	194,139
資産	4,064,311	307,759	96,782	262,421	4,731,273
持分法で会計処理されている投資	13,577	5,030	27,885	―	46,492

(注)　1　調整欄にはセグメント間の内部取引に係る消去額、事業セグメントに配賦していない費用及び全社資産等が含まれております。事業セグメントに配賦していない費用の金額は前年度30,198百万円、当年度38,531百万円であり、その主なものは親会社で発生する管理部門の費用、基礎研究費及び為替差損益です。全社資産の金額は前年度317,016百万円、当年度294,761百万円であり、その主なものは親会社の現金及び現金同等物、有価証券及び管理部門に関連する資産です。
　　　2　セグメント利益の合計額は連結損益計算書の営業利益と一致します。営業利益と税引前利益との間の調整については連結損益計算書に記載のとおりです。
　　　3　セグメント間取引は独立企業間価格で行っております。
　　　4　非流動資産は、金融商品、繰延税金資産及び退職給付に係る資産を含んでおりません。

(出所)　クボタ有価証券報告書2022年度より筆者作成

5　売上高経常利益率

$$売上高経常利益率 = \frac{経常利益}{売上}$$

売上高経常利益率は経常利益、つまり借入金利を負担した後の利益から計算される利益率である（図表3－1－9、3－1－10）。

非経常的な特別損益を除けば考慮されていないのは法人税等だけである。法人税等は法人所得が発生する場合に発生するので、原則としてこの段階でプラスであれば最終的にもプラスである。したがって損益分岐点分析でも経常利益を対象に分析することが多い（第7章参照）。

図表3－1－9　売上高経常利益

売上
売上原価
　　売上総利益
販売費及び一般管理費
　　営業利益
営業外損益（支払利息）
　　経常利益

図表3－1－10　2018年度の売上高経常利益率（全産業・全規模）は5.5%
※業種別・資本金別　　　　　　　　　　　　　　　　　　（単位：%）

資本金 業種	1,000万円未満	1,000万～1億円	1億～10億円	10億円以上
製造業	2.8	4.2	5.2	8.2
非製造業	2.7	3.4	4.4	8.8

（出所）　財務省「法人企業統計調査からみる日本企業の特徴」(https://www.mof.go.jp/pri/reference/ssc/japan/index.htm)

6　売上高当期純利益率

(1) 売上高当期純利益率の意義

$$売上高当期純利益率 = \frac{当期純利益}{売上}$$

売上高当期純利益率は当期純利益、つまり株式会社の株主に帰属する最終的な利益から計算される利益率である（図表3－1－11）。

上場企業の場合、株主の投資収益率に直結する重要な利益である。ROEの計算根拠になるので、売上高当期純利益率は3指標分解で登場する（本章第2節参照）。

(2) 中小企業の場合　中小企業

中小企業の場合、オーナー経営者（株主と経営者とが同一人物）であること、投資収益率の高さだけが投資の目的ではないことから売上高当期純利益率の重要性は低くなる。また、中小企業の場合、当期純利益に役員報酬、そ

図表3－1－11　売上高当期純利益

売上
売上原価
売上総利益
販売費及び一般管理費
営業利益
営業外損益（支払利息）
経常利益
特別損益（固定資産の売廃却等）
税引前利益
法人税等
当期純利益

の他個人名義の不動産等に支払っている賃借料等のすべてを合計して評価すべきであろう（第8章参照）。

第2節　自己資本利益率（ROE）

1　自己資本利益率（ROE）の意義

$$自己資本利益率（ROE）=\frac{当期純利益}{自己資本}$$

　自己資本利益率（ROE：Return On Equity）は自己資本に対する当期純利益の比率である（図表3－2－1、3－2－2）。

　自己資本利益率（ROE）は上場企業と中小企業とではその重要性が両極端に分かれてしまう。上場企業にとっては株価に直結する、経営目標となり

図表3－2－1　自己資本利益率（ROE）

資産	負債
	自己資本（注）

売上
…
当期純利益

（注）　純資産、株主資本、自己資本の正確な定義は後述する。

図表3－2－2　2018年度の自己資本利益率（全産業・全規模）は8.4%
※業種別・資本金別　　　　　　　　　　　　　　　　　　　（単位：%）

業種＼資本金	1,000万円未満	1,000万～1億円	1億～10億円	10億円以上
製造業	10.6	5.4	6.0	9.7
非製造業	10.0	5.8	10.5	9.4

（出所）　財務省「法人企業統計調査からみる日本企業の特徴」（https://www.mof.go.jp/pri/reference/ssc/japan/index.htm）

図表3−2−3　連結ベースの純資産、株主資本、自己資本の関係

資本金 資本剰余金 利益剰余金 自己株式（▲）	株主資本	自己資本	純資産
その他の包括利益 （その他有価証券評価差額金等）			
株式引受権、新株予約権			
非支配株主持分			

（注）　非支配株主持分については第9章参照。

うる最重要指標の一つである。一方、株主と経営者とが同一である中小企業にとってはほとんど意味のない指標である。理由は以下に解説する。

なお、連結ベースの純資産、株主資本、自己資本の関係は図表3−2−3のとおりである。

2　自己資本利益率（ROE）は経営者の能力判定基準

投資家Y氏が100億円を出資してA社を設立し、経営をD氏に任せたとしよう。Y氏は株主、D氏は株主総会（この場合、Y氏）で選任された代表取締役になる（図表3−2−4）。

Y氏にとって投資の見返りはA社の当期純利益である※。設立初年度の当期純利益が1億円だったとしよう。Y氏は「100億円投資して1年で1億円の利益、たった1％か」と不満を抱くであろう。この投資利回り1％が自己資本当期純利益率（ROE：Return On Equity）である。株主Y氏は代表取締役D氏の経営手腕に疑念を抱き、「ROEが低いことを理由に解任」し、別の有能な経営者を探そうとするかもしれない。

※　配当ではなく、当期純利益全額が株主のものである。配当に制限があるのは株式会社の債権者保護が目的であるが、会社を清算するときには債務返済後の純資産全額が株主のものになる。連結決算において「非支配株主・親会社株主に帰属する当期純利益」という表現がそれを端的に表している。配当は株主が預金口座から現金引出しする行為に相当する。現金引出ししない預金口座残高は株主のものである。

図表3-2-4 ROEは投資家の最終的な投資利回り

$$\text{ROE（自己資本当期純利益率）} = \frac{\text{当期純利益1億円}}{\text{自己資本100億円}^{※}} = 1\%$$

※ 設立初年度の場合、資本金等の出資金額と純資産は一致するものとする。
なお、実際にROEを計算する場合、分母の純資産はこの例のような期首残高ではなく期末残高、あるいは期首期末の平均が採用される。

　このようにROEは株主にとっての投資利回りであり、経営者の能力を判定する最終的な判定材料の一つである。留意してほしいのは、売上高利益率や資産利益率はいっさい顧みられないということである。売上高利益率が高かろうが低かろうが、ROEに影響しないのであれば株主にとって意味がないのである。

　「経営者が解任される」のは当期純損失の場合だけではないという点も留意すべきである。たとえ当期純利益が確保されていたとしても、株主からみれば「リスク投資に見合う利益」が確保されていなければ不満であろう。上場企業の経営責任は「黒字を確保して倒産させない」程度ではないのである。この件に関しては2014年に経済産業省が公表した伊藤レポート（後述）でも取り上げている。

　なお、設立当初からの株主ではなく、設立後に株式を購入した投資家にとって投資額は会計上の純資産等ではなく株価である。この立場にとってはROEよりも株価と「1株当りの当期純利益」からの株価収益率が重要になる。株価収益率は日本経済新聞では「益回り」と表記されている。また、株価収益率の逆数が代表的な株価指標PERである。

$$\text{株価収益率（益回り）} = \frac{\text{1株当り当期純利益（EPS）}}{\text{株価}} = \frac{1}{\text{PER}}$$

図表3-2-5　有価証券報告書の連結経営指標

第一部　【企業情報】						
第1　【企業の概況】						
1　【主要な経営指標等の推移】						
(1)　最近5連結会計年度に係る主要な経営指標等の推移						
回次		第104期	第105期	第106期	第107期	第108期
決算年月		2019年3月	2020年3月	2021年3月	2022年3月	2023年3月
売上高	(百万円)	712,111	690,016	615,044	693,682	768,181
経常利益	(百万円)	25,358	25,807	22,670	32,372	27,776
親会社株主に帰属する当期純利益	(百万円)	15,379	14,768	14,391	17,275	21,233
包括利益	(百万円)	12,289	9,963	19,948	25,461	32,564
純資産額	(百万円)	166,158	172,300	187,779	208,598	220,635
総資産額	(百万円)	477,913	491,533	475,468	505,731	549,013
1株当たり純資産額	(円)	470.28	492.23	544.55	609.82	696.72
1株当たり当期純利益	(円)	49.41	47.47	46.25	55.51	68.22
潜在株式調整後1株当たり当期純利益	(円)	—	—	—	—	—
自己資本比率	(%)	30.62	31.16	35.63	37.53	39.50
自己資本利益率	(%)	10.83	9.86	8.92	9.62	10.44
株価収益率	(倍)	17.10	10.07	11.45	9.87	7.96

(注)　国際財務報告基準（IFRS）を採用している日立製作所は「親会社株主持分利益率」と表記している。日本基準、米国会計基準、国際財務報告基準によって異なるが主旨は同じである。「親会社株主に帰属する当期純利益」や非支配株主持分の意味については「連結財務諸表」で解説しているので参照のこと。
(出所)　ニッスイ2022年度の有価証券報告書

3　ROEは有価証券報告書で開示される

　前述のようにROE、株価収益率は上場企業にとって重要な指標であるから、有価証券報告書の冒頭（たとえば第一部（企業情報）の第1（企業の概況）にある1（主要な経営指標等の推移）」に連結ベースと単体ベースとの両方で開示される（図表3-2-5）。

4　ROEを計算する自己資本の定義　Level 2　大企業

　有価証券報告書のROEは純資産でも株主資本でもなく、自己資本に基づいて計算される。

　東京証券取引所が定める決算短信（有価証券報告書の速報版）ではROEを計算する自己資本は「期首期末の平均」、有価証券報告書では「期末残高」が採用されている※。

※　サステナブル成長率をROEと内部留保率（＝1－配当性向）で計算する場合、ROEは自己資本の「期首残高」に基づいて計算される。

5　ROEの重要性は中小企業には限定的

　前述のように上場企業にとってROEは重要な指標の一つであるが、株主と経営者が同一であるオーナー企業の場合（ほとんどの中小企業が当てはまる）、ROEに上場企業ほどの重要性はない。

　まず、経営者と株主とが同一なのであるから、「ROEが低いことが不満で株主Y氏が代表取締役Y氏を解任する」ことがありえない。

　次にY氏にとってA社を経営する見返りは当期純利益だけではない。「販売費及び一般管理費」に計上されている役員報酬も経営の成果である※。

※　中小企業の決算書において役員報酬が計上されていても必ずしも実態として役員報酬を受け取っているとは限らない。この点については第8章で述べる。

　また、経営が苦しい中小企業にありがちな「社長借入れ」も、社長個人の借入先がなく個人資産から調達した場合は、事実上返済不要で資本金と同様である。ただし、社長個人が個人名義で消費者金融等の外部から借り入れたものを会社口座に移した場合、文字どおりの負債である。

外部調達なしで個人資産から貸し付けたら資本金と同じ

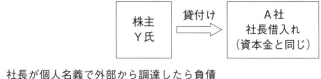

社長が個人名義で外部から調達したら負債

したがって個々の中小企業を評価する場合、「上場企業と同じ」ようにROEを用いて評価することは適切ではない※。

※　中小企業庁や日本銀行のように日本全体の中小企業の状況を把握する、あるいは民間の金融機関が統計的アプローチを採用する場合はROEの統計をとることも意味がある。

6　ROE増減の要因

　株主にとってROEが増加していることは喜ばしいことである。しかし「ROEの増加」が、経営者の手腕によって経営状況が改善した結果だとは限らない。そこで「ROEの増減」がどのような要因で生じたのかを分析することになる。「ROEを分解」することでそれが可能になる。

(1)　総資本

　ROEの分解において総資本、事業利益が登場する。どちらも制度会計の用語ではないが、財務分析ではしばしば登場する。

　まず総資本について解説する。現在の制度会計上は負債、純資産、株主資本、自己資本が各々異なるものとして厳密に定義されている。

　しかし、昔は制度会計の外で慣習上「資本の部＝自己資本＝株主資本」と使われてきた。さらに負債は「返済が必要な他人からの資金調達」という意味を込めて他人資本という別称が与えられていた。そして自己資本と他人資本とを合計したものを総資本と呼んだのである。当然であるが、総資本は借方（左側）の資産と一致する。さらに資産の内訳に事業性資産、非事業性資産等を設定したので、資産全体に総資産という別称を与えた。したがって

「総資本＝総資産＝資産」であり、「総資本≠資本（純資産）」である。

貸借対照表

資産（総資産）	負債 （他人資本）	⎫ ⎬ 総資本 ⎭
	純資産 （自己資本、 　株主資本）	

なお、純資産、自己資本、株主資本の違いについては本節冒頭で解説している。

(2) **事業利益**

事業利益は制度会計の損益計算書には表示されない利益である。これは貸借対照表の借方（左側）、すなわち資産から発生する利益を集計したものである。預金からは受取利息、株式等の投資有価証券からは受取配当が生じる。そして売上債権、在庫、店舗・工場関連の固定資産（これを事業性資産と呼ぶ）からは営業利益が生じる。これら資産から生じる利益を合計したものを事業利益と呼ぶ※。営業利益に営業外利益だけ加算することになるので営業利益と経常利益の中間に位置することになる。

※ 預金や投資有価証券は非事業性資産と呼ばれる。非事業性資産から生じる受取利息・配当も事業利益を構成することになる。用語が一貫性に欠ける印象がある。

営業外損益を構成する支払利息は貸方（右側）、負債から生じるので、資本金等の純資産から生じる株主向けのコストを資本コスト※と呼び、負債コストを加算したものを総資本コストと呼ぶ。

第2節　自己資本利益率（ROE）

※ 資本コストは「利益が発生したときだけ配当すればよい」という気楽なものではない。ROEの項で解説したように、上場企業の場合には投資家からリスク投資に見合ったリターンを要求される。これに応えられないと経営陣が解任される可能性がある負債よりも厳しい資金調達である。

7　ROEの2指標分解

(1) 分解の考え方

数値例を用いてROEの要因分析を2指標分解により行う。なお、ここでは計算を簡便化するため「純資産＝自己資本」と仮定し、期末ベースでROEを計算する。

	X1	X2
当期利益	100	90
自己資本	1,000	800
総資本	4,000	3,800

（注）　X2年に自己株式の取得を行った。

まず、2期分のROEを計算しよう。

	$\mathrm{ROE} = \dfrac{\text{当期純利益}}{\text{自己資本}}$
X1年	$\dfrac{100}{1,000} = 10.0\%$
X2年	$\dfrac{90}{800} = 11.25\%$

ROEそのものはX1年の10.0％からX2年の11.25％に向上している。これを「営業が好調だから」と解釈できるだろうか。当期純利益は100から90に減少しているので、ROEが向上した原因は自社株買いによる自己資本の減少が原因である。これを数値で表すのが2指標分解である。

下式の「ア」に同じ金額が入るなら、何が入ってもこの式は成立する。

$$\text{ROE} = \frac{当期純利益}{自己資本} = \frac{当期純利益}{「ア」} \times \frac{「ア」}{自己資本}$$

2分解では「ア」に総資本（＝資産）を代入する。すなわち、以下のようになる。

$$\text{ROE} = \frac{当期純利益}{自己資本} = \frac{当期純利益}{総資本} \times \frac{総資本}{自己資本}$$

$$= \text{ROA} \times 財務レバレッジ$$

ROAに関しては本章第3節を参照されたい。

(2) 財務レバレッジ

ここで財務レバレッジという指標が登場した。以下の数値例を用いて財務レバレッジについて解説する。

いま、資産が1,000、負債が0、純資産（＝自己資本）が1,000であり、資産利益率ROAが5％とする。計算を簡便化するために、ここでは法人税と負債による支払利息はないものと仮定する。

資産	1,000	負債	0
		純資産	1,000

$$利益 = 資産1,000 \times \text{ROA}\,5\% = 50$$

$$\text{ROE} = \frac{当期純利益}{自己資本} = \frac{50}{1,000} = 5\%$$

ここで、負債・純資産の構成を下記のように変更する。

資産	1,000	負債	500
		純資産	500

$$利益 = 資産1{,}000 \times ROA\ 5\% = 50$$

$$ROE = \frac{当期純利益}{自己資本} = \frac{50}{500} = 10\%$$

ROAに変化はないのに、自己資本比率を100％から50％に低下させるとROEが2倍になる。この自己資本比率を低下させることでROEが大きくなる効果を財務レバレッジと呼ぶ。

$$ROE = \frac{当期純利益}{自己資本} = \frac{当期純利益}{総資本} \times \frac{総資本}{自己資本}$$

$$= ROA \times 財務レバレッジ$$

$$= \frac{当期純利益}{総資本} \times \frac{1}{\frac{自己資本}{総資本}} = ROA \times \frac{1}{自己資本比率}$$

つまり、借入れにより収益性（ROE）は高まるものの、安全性（自己資本比率）は低下することになる。

財務レバレッジの増大にはプラス評価すべき事態とマイナス評価すべき事態とがある（図表3－2－6）。

(3) 2指標分解の実際

数値例を2指標分解しよう。

図表3－2－6　財務レバレッジの変動要因

	好ましい例	好ましくない例（注3）
借入増加	製造設備建設（注1）	滞留在庫、売掛金の延滞による運転資金の不足（注3）
資本減少	自社株の買入れ消却（注2）	損失の累積

(注1)　設備投資の結果、ROEが向上するかにかかっている。
(注2)　自社株買いは経営者の判断で行われる行為なので、その意図が健全なものであること、株価への好影響が期待できるものでなければならない。
(注3)　好ましくない例の事態では利益が小さいあるいは損失が生じているから、ROEから会社の業績を読み誤ることはないだろう。

	ROE $\dfrac{当期純利益}{自己資本}$	ROA $\dfrac{当期純利益}{総資本（資産）}$	財務レバレッジ $\dfrac{総資本（資産）}{自己資本}$
X1年	$\dfrac{100}{1,000}=10.00\%$	$\dfrac{100}{4,000}=2.5\%$	$\dfrac{4,000}{1,000}=400\%$
X2年	$\dfrac{90}{800}=11.25\%$	$\dfrac{90}{3,800}=2.37\%$	$\dfrac{3,800}{800}=475\%$

　X1年からX2年にかけて、ROEが10.00％から11.25％に向上したのはROAが2.5％から2.37％に低下したものの、財務レバレッジが400％から475％に増大したことが原因であることがわかる。
　つまり、営業は不調だが、財務テクニックによってROEを底上げしたものであることが判明する※。

※　こうした表現をすると自社株買いによるROEの底上げは粉飾まがいのように聞こえるかもしれないが、これも立派な株主重視の経営の表れである。

8　ROEの3指標分解

(1)　3指標分解の実際

数値例を用いてROEの要因分析を3指標分解により行う。

	X1	X2
売上	9,000	15,000
当期利益	100	140
自己資本	1,000	1,100
総資本	4,000	4,100

これをまず、2指標に分解しよう。

	ROE 当期純利益／自己資本	ROA 当期純利益／総資本（資産）	財務レバレッジ 総資本（資産）／自己資本
X1年	$\dfrac{100}{1,000}=10.00\%$	$\dfrac{100}{4,000}=2.5\%$	$\dfrac{4,000}{1,000}=400\%$
X2年	$\dfrac{140}{1,100}=12.73\%$	$\dfrac{140}{4,100}=3.41\%$	$\dfrac{4,100}{1,100}=373\%$

　X1年からX2年にかけて、ROEが10.00%から12.73%に向上したのはROAが2.5%から3.41%に上昇したことが原因といえる。財務レバレッジは400%から373%に低下しているが、これは安全性（自己資本比率）が向上したことを意味するので危惧すべきものではない。

　つまり、営業の好調による望ましいROEの向上といえる。

　3指標分解は2指標分解のROAを「売上高利益率×資産回転率」に分解したものである。

　ROEを3指標に分解しよう。

$$\begin{aligned}
\text{ROE} &= \text{ROA} \times \text{財務レバレッジ} \\
&= \frac{\text{当期純利益}}{\text{売上}} \times \frac{\text{売上}}{\text{総資本}} \times \frac{\text{総資本}}{\text{自己資本}} \\
&= \text{売上高利益率} \times \text{資産回転率} \times \text{財務レバレッジ}
\end{aligned}$$

　資産回転率に関しては第4章を参照されたい。

　ROEは以下のように3指標に分解された。

	ROE	ROA		財務レバレッジ
	当期純利益 / 自己資本	売上高当期純利益率 当期純利益/売上	総資本（資産）回転率 売上/総資本（資産）	総資本（資産）/自己資本
X1年	$\frac{100}{1,000}=10.00\%$	$\frac{100}{9,000}=1.11\%$	$\frac{9,000}{4,000}=225\%$	$\frac{4,000}{1,000}=400\%$
X2年	$\frac{140}{1,100}=12.73\%$	$\frac{140}{15,000}=0.93\%$	$\frac{15,000}{4,100}=366\%$	$\frac{4,100}{1,100}=373\%$

X1年からX2年にかけて、売上高当期純利益率が1.11％から0.93％に低下したものの、売上高総資本回転率が225％から366％に上昇している。つまりROAが向上したのは売上高の増加が寄与したという状況を表している。

このこと自体は損益計算書、貸借対照表の科目をみればわかることであるが、ROEへどの程度寄与しているかが定量的に評価できる。

(2) 【TOPIC】伊藤レポートから

2014年に経済産業省から公表された「伊藤レポート」に興味深い記載があるので引用する（図表3－2－7）。

> 特に投資家は、資本コストを意識してROE向上を目指す経営を望む。資本コストは投資家の要求収益率をベースにした価値創造の分岐点であり、その目途を明確に立てて事業に取り組んでほしいと考えている。ROE極大化を目指すかどうかは議論が分かれるが、最低限資本コストを超えるROEを目標にすべきとの考えは共通している。
>
> その目安として、8～10％、グローバル企業は世界の投資家を引きつけるために欧米並（15％レベル）を目指してほしいとの指摘があった。

9 ROEの5指標分解　Level 2

ROEはさらに細かく、5指標に分解できる。以下、数値例を用いて解説

図表3-2-7　伊藤レポートの事例

〈図3：日米欧の資本生産性分解〉

		ROE	利益率	回転率	レバレッジ
日本	製造業	4.6%	3.7%	0.92	2.32
	非製造業	6.3%	4.0%	1.01	2.80
	合計	5.3%	3.8%	0.96	2.51
米国	製造業	28.9%	11.6%	0.86	2.47
	非製造業	17.6%	9.7%	1.03	2.88
	合計	22.6%	10.5%	0.96	2.69
欧州	製造業	15.2%	9.2%	0.80	2.58
	非製造業	14.8%	8.6%	0.93	3.08
	合計	15.0%	8.9%	0.87	2.86

(注1)　2012年暦年の本決算実績ベース、金融・不動産除く。
(注2)　対象＝TOPIX500、S&P500、Bloomberg European 500 Index対象の企業のうち、必要なデータを取得できた企業。

(出所)　経済産業省「持続的成長への競争力とインセンティブ〜企業と投資家の望ましい関係構築〜」プロジェクト（伊藤レポート）2014年（https://www.meti.go.jp/policy/economy/keiei_innovation/kigyoukaikei/pdf/itoreport.pdf）

する。あらかじめ数値例の状況を解説しておこう。

	X1年	X2年
有利子負債	2,000	2,000
借入金利	5%	3%

	X1年	X2年
事業利益	800	700
支払利息	100	60
経常利益	700	640
税引前利益	700	640
（実効税率）	(40%)	(30%)
法人税等	280	192
当期純利益	420	448

X2年に市中金利の低下を受けて有利子負債の金利が5％から3％に低下した。有利子負債の残高は2,000のままだったので支払利息が100から60に減少した。また法人税の実効税率が40％から30％に低下したため法人税等が280から192に減少した。この二つの影響が大きいため、事業利益は800から700に減少したにもかかわらず当期純利益は420から448に増加したのである。

(1) 2指標分解

まず、この数値例を2指標分解する。

	ROE $\dfrac{\text{当期純利益}}{\text{自己資本}}$	ROA $\dfrac{\text{当期純利益}}{\text{総資本（資産）}}$	財務レバレッジ $\dfrac{\text{総資本（資産）}}{\text{自己資本}}$
X1年	$\dfrac{420}{3,000}=14.0\%$	$\dfrac{420}{5,500}=7.6\%$	$\dfrac{5,500}{3,000}=183.3\%$
X2年	$\dfrac{448}{2,800}=16.0\%$	$\dfrac{448}{5,300}=8.5\%$	$\dfrac{5,300}{2,800}=189.3\%$

X1年からX2年にかけて、ROEが14.0％から16.0％に向上したのはROAが7.6％から8.5％に向上し、財務レバレッジが183.3％から189.3％に増大したことが原因といえる。しかし、経営手腕が高かったことが原因ではないことは判明しない。

(2) 3指標分解

次に3指標に分解する。

	ROE $\dfrac{\text{当期純利益}}{\text{自己資本}}$	ROA 売上高当期純利益率 $\dfrac{\text{当期純利益}}{\text{売上}}$	ROA 総資本（資産）回転率 $\dfrac{\text{売上}}{\text{総資本（資産）}}$	財務レバレッジ $\dfrac{\text{総資本（資産）}}{\text{自己資本}}$
X1年	$\dfrac{420}{3,000}=14.0\%$	$\dfrac{420}{15,000}=2.8\%$	$\dfrac{15,000}{5,500}=272.7\%$	$\dfrac{5,500}{3,000}=183.3\%$
X2年	$\dfrac{448}{2,800}=16.0\%$	$\dfrac{448}{14,000}=3.2\%$	$\dfrac{14,000}{5,300}=264.2\%$	$\dfrac{5,300}{2,800}=189.3\%$

X1年からX2年にかけて、売上高当期純利益率が2.8%から3.2%に向上したが、売上高総資本回転率が272.7%から264.2%に低下している。つまりROAが向上したのは売上高利益率の向上によるもので、売上そのものは15,000から14,000に減少している状況を表している。

3指標分解でも、このケースでROEが向上したのは経営手腕が高かったことが原因ではないことは判明しない。

(3) 5指標分解

では、5指標に分解しよう。

$$ROE = \frac{当期純利益}{自己資本}$$

$$= \frac{当期純利益}{税引前利益} \times \frac{税引前利益}{事業利益} \times \frac{事業利益}{売上} \times \frac{売上}{総資本} \times \frac{総資本}{自己資本}$$

$$= (1-税率) \times 金利負担 \times 売上高利益率 \times 資産回転率 \times 財務レバレッジ$$

「(1－税率)×金利負担×売上高利益率」は3指標分解の売上高当期純利益率を分解したものに相当する。

	$ROE = \dfrac{当期純利益}{自己資本}$
X1年	$\dfrac{420}{3,000} = 14.0\%$
X2年	$\dfrac{448}{2,800} = 16.0\%$

	ROA				財務レバレッジ
	売上高当期純利益率			資本回転率	
	1－税率	金利負担	売上高事業利益率		
X1年	$\frac{420}{700}=60\%$	$\frac{700}{800}=87.5\%$	$\frac{800}{15,000}=5.3\%$	$\frac{15,000}{5,500}=272.7\%$	$\frac{5,500}{3,000}=183.3\%$
X2年	$\frac{448}{640}=70\%$	$\frac{640}{700}=91.4\%$	$\frac{700}{14,000}=5.0\%$	$\frac{14,000}{5,300}=264.2\%$	$\frac{5,300}{2,800}=189.3\%$

　ROEが14.0％から16.0％に改善したのは、法人実効税率の低下、市中金利の低下に伴う借入金利の低下、および財務レバレッジの増加（自己資本比率の悪化）によるものであることがわかる。本業の経営状況を表す売上高事業利益率および売上高総資本回転率はいずれも低下していることが判明する。

第3節　総資本（資産）利益率（ROA）

1　総資本（資産）利益率（ROA）の意義

$$総資本営業利益率 = \frac{営業利益}{総資本（資産）}$$

$$総資本経常利益率 = \frac{経常利益}{総資本（資産）}$$

図表3－3－1　2018年度の総資本営業利益率（全産業・全規模）は3.8％

※業種別・資本金別　　　　　　　　　　　　　　　　　　　　（単位：％）

資本金 業種	1,000万円未満	1,000万～1億円	1億～10億円	10億円以上
製造業	2.3	3.5	5.3	4.0
非製造業	2.3	2.8	5.3	4.2

（出所）　財務省「法人企業統計調査からみる日本企業の特徴」（https://www.mof.go.jp/pri/reference/ssc/japan/index.htm）

図表3－3－2　2018年度の総資本経常利益率（全産業・全規模）は4.7％

※業種別・資本金別　　　　　　　　　　　　　　　　　　　　（単位：％）

資本金 業種	1,000万円未満	1,000万～1億円	1億～10億円	10億円以上
製造業	3.6	4.2	5.9	6.2
非製造業	3.0	3.4	6.0	4.8

（出所）　財務省「法人企業統計調査からみる日本企業の特徴」（https://www.mof.go.jp/pri/reference/ssc/japan/index.htm）

ROA（Return On Asset）は「総資本（負債＋純資産）から生み出される利益（総資本利益率）」であると同時に、「資産全体から生み出される利益（資産利益率）」を表すともいえる（図表3－3－1、3－3－2）。

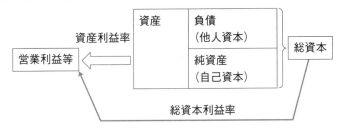

2　ROAの「Return」は営業利益か経常利益か

ROAは、有価証券報告書や決算短信のように共通のルール化された計算式に基づいて公表される数値ではない。したがって営業利益、事業利益、経常利益を採用することも可能である。

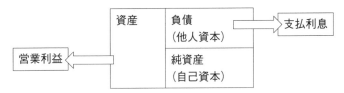

経常利益を採用する場合、資金調達側のコストを含めて評価することになる。資金調達と事業運用とを分けて考えたい場合には営業利益を採用することになる。

また、営業利益には資産として計上されている現預金からの受取利息、株式等の有価証券からの受取配当金等は含まれていない。現預金等を含めた資産全体が生み出す利益を考えたいのであれば事業利益を採用する（事業利益については本章第1節を参照）。

さらに、いずれの利益も税引前なので税負担を考慮していないことにも注意が必要である。後述する投下資本利益率ROICでは、ROAのこれらの要因を精緻化しようとする。

3 リース契約がROAに与える影響

　中小企業の、特に製造業においてROAを計算する際はリース契約に留意しなくてはならない。リース資産およびリース債務が貸借対照表に計上されていれば問題ないが、多くの中小企業ではリース料を費用計上するにとどまり、リース資産およびリース債務が貸借対照表に計上されていない（簿外、オフバランスである）ことが通常である。簿外になっているリース資産・債務が大きいとROAが過少計上されることになる。

　2026年に新たなリース会計基準が適用開始される予定で、これまで上場企業でもオフバランス処理が認められていた一部のリース契約も、原則オンバランスとなる。

4 ROAの要因分析（2指標分解）

　「ROEの3指標分解」でも登場するが、ROAの前年比較や他社比較を行う場合、ROAを売上高利益率と総資本回転率に分解する。

$$\text{ROA} = \frac{\text{利益}}{\text{総資本}} = \frac{\text{利益}}{\text{売上}} \times \frac{\text{売上}}{\text{総資本}}$$

$$= \text{売上高利益率} \times \text{総資本回転率}$$

　これによりROAが改善（悪化）したのは利益率の上昇（低下）によるのか、あるいは利益率は変わらないが売上そのものが増加（減少）したことによるのか、はたまたその両方なのかを分析することができる。

第4節 投下資本利益率(ROIC)

Level 2

1 投下資本利益率(ROIC)の意義

$$\text{ROIC(投下資本利益率)} = \frac{\text{NOPAT(税引後事業利益)}}{\text{投下資本}}$$

$$= \frac{\text{事業利益} \times (1 - \text{実効税率})}{\text{有利子負債} + \text{自己資本(純資産)}}$$

　総資本のすべてが「調達された資金」ではない。仕入債務(支払手形と買掛金)や未払費用、退職給付引当金は事業活動から発生するものであり、資金調達から生じるものではない。そこで自己資本、他人資本の区別なく「調達された資金」という枠組みを考えたものが投下資本(Invested Capital)である。

　ROIC(Return On Invested Capital)は負債を(流動負債・固定負債ではなく)有利子負債(長短借入金等)とそれ以外の仕入債務等とに分ける。

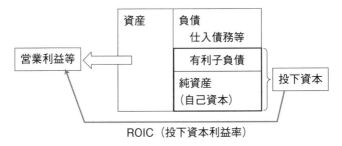

　さらに法人税等の負担までも考慮した税引後事業利益(NOPAT：Net

Operating Profit After Tax)が採用されることが多い。その場合、有利子負債から生じる金利負担にも税負担軽減効果(支払利息は法人税等を低減させる)を考慮しなければならない。なお、資本コストには税負担軽減効果はない(株主へ配当を支払っても法人税等は軽減されない)。

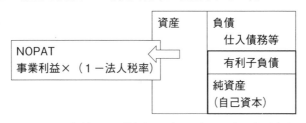

資産側のNOPATと負債側の「支払利息×(1−法人税率)」を合計すると当期純利益になる※。

※ 日本基準では固定資産除売却損益が特別損益に区分されるため、いつでも一致するわけではない。ちなみに米国会計基準では固定資産除売却損益も営業損益として扱われるので一致する。

この結果、ROICは上記算式で求められるのである。

ROICは上記以外に「事業利益ではなく営業利益を採用する」等のバリエーションが存在する。現預金や有価証券等からの受取利息・配当を除外し、事業性だけを評価したい場合である。また「有利子負債で株式投資している」等の事情があれば、株式と有利子負債を相殺する等の配慮が必要であろう。

2 ROICの利用局面

ROICは中小企業であってもM&Aの対象となる場合には評価基準の一つとして利用できる。対象企業の業績が悪い場合でも、その原因が信用不足による高金利の負債であれば、買収する側の信用度が高い、あるいは自己資金でまかなえる場合には買収に値すると判断できる。

ROICは国際的に活動する企業グループの資産配分の基準の一つになる。グループ全体の資源配分は法人枠を越えた事業部門単位(事業セグメント)、地域単位(地域セグメント)で管理される。たとえば国内法人で調達された

資金は、必ずしも国内法人が投資する必要はなく、グループ全体で適正に配分すべきである。その際、部門として存続させるか、撤退するか、他社に譲渡するかを検討する材料にもなる。

第5節 黒字倒産

1 黒字倒産は損益計算書の限界から

　黒字倒産とは損益計算書上で当期純利益がプラスでありながら倒産することである。

　したがって、利益率から予見することはむずかしいうえ、貸借対照表も利益剰余金が増加して債務超過になることはないので安全性指標から予見することもむずかしい。

　倒産する原因は「赤字（当期純利益がマイナス）」でも「債務超過」でもない。倒産するのは「支払いを求められたときに現預金がないとき」である。だから利益も負債も関係はなく、原因は現預金だけである。

　では、どのような場合に黒字倒産をするのか。

　それは「損益計算書に反映されない要因」で現金不足に陥るときである。具体的には「過大な仕入れによる在庫の膨張」「借入元本の返済」「設備投資のための支出」等である。

```
売上
売上原価
─────────────         「過大な仕入れによる在庫の膨張」
    売上総利益          に伴う負担が表示されない
販管費
─────────────
    営業利益           借入元本の返済は
営業外損益             表示されない
─────────────
    経常利益
特別損益               設備投資のための支出は
─────────────         表示されない
    税引前利益
法人税等
─────────────
    当期純利益
```

2　現金の情報はキャッシュフロー計算書に

上記の「損益計算書の限界」はキャッシュフロー計算書で補足される。

(1)　【事例】売掛金の入金遅れ（運転資金需要）

たとえば売掛金の入金が遅れた場合、どのようになるか。数値例をあげて解説する。

- 資本金1,000万円でX1年4月1日に営業を開始した。
- 商品を現金1,000万円で仕入れ、期末間際に在庫600万円を800万円で売り上げたが入金は翌期になる。期末の在庫は400万円である。
- X1年度の諸経費は150万円であった。

貸借対照表

現預金	▲150	未払法人税	15
売掛金	800		
在　庫	400		
		資本金	1,000
固定資産	0	利益剰余金	35

損益計算書

売上	800
売上原価	▲600
諸経費	▲150
法人税等	▲15
当期純利益	＋35

キャッシュフロー計算書

営業活動	仕入れ	▲1,000	
	売上	0	
	諸経費	▲150	▲1,150
投資活動			0
財務活動			0
増減			▲1,150
期首残高			1,000
期末残高			▲150

　損益計算書の当期純利益は＋35万円で黒字、貸借対照表は利益剰余金が計上され債務超過ではなく、流動比率も十分大きい。ただ、現預金がマイナスになっている。キャッシュフロー計算書の営業活動がマイナスであることが明示されている。現実には現預金がマイナスになることはなく、本事例の会社は倒産する。

　もちろん本事例のような極端なことはありえないが、運転資金を調達できないことは資金繰りを悪化させる要因である。

(2) 固定資産（土地等）の購入

　たとえば固定資産を購入した場合、どのようになるか。数値例をあげて解説する。

- 　○　資本金1,000万円でX1年4月1日に営業を開始した。
- 　○　土地を現金1,200万円で購入した。
- 　○　X1年度は現金1,000万円で商品を仕入れ、全商品が現金1,500万円で売れたため、期末に在庫はなし。金利込みの諸経費は400万円で

あった。

貸借対照表

現預金	▲100	未払法人税	60
		資本金	1,000
土地	1,200	利益剰余金	40

損益計算書

売上	1,500
売上原価	▲1,000
諸経費	▲400
法人税等	▲60
当期純利益	+40

キャッシュフロー計算書

営業活動	仕入れ ▲1,000 売上 +1,500 諸経費 ▲400	+100
投資活動		▲1,200
財務活動		0
増減		▲1,100
期首残高		1,000
期末残高		▲100

　土地は非償却性資産なので減価償却費は計上されず、損益計算書の当期純利益は＋40万円で黒字、貸借対照表は利益剰余金が計上され債務超過ではない。ただし、現預金がマイナスになっている。キャッシュフロー計算書の投資活動が大きくマイナスになることにより、フリーキャッシュフローが大きくマイナスとなる。

　非償却性資産だけでなく、償却性資産であっても取得に要する資金と減価償却費には大きな開きがある。したがって予想損益計算書だけでは「固定資産の取得」に要する負担を考慮できていないことを忘れてはならない。まして「減価償却費は毎期一定」とすれば事足りると考えるのは論外である。

(3) 借入元本の返済負担

　たとえば借入元本を返済した場合、どのようになるか。数値例をあげて解説する。

　○　資本金1,000万円でX1年4月1日に営業を開始した。

〇 借入金6,000万円を返済3年、金利2％で借り入れた。返済は期末X2年3月31日に元本2,000万円から始まる。

〇 土地を現金6,000万円で購入した。

〇 X1年度は現金1,000万円で商品を仕入れ、全商品が現金1,500万円で売れたため期末に在庫はない。金利込みの諸経費は400万円であった。

貸借対照表

現預金	▲900	借入金	2,000
		未払法人税	60
		長期借入れ	2,000
		資本金	1,000
土地	6,000	利益剰余金	40

損益計算書

売上	1,500
売上原価	▲1,000
諸経費	▲400
法人税等	▲60
当期純利益	＋40

キャッシュフロー計算書

営業活動	仕入れ ▲1,000 売上 ＋1,500 諸経費 ▲400	＋100
投資活動		▲6,000
財務活動	借入れ ＋6,000 返済 ▲2,000	＋4,000
増減		▲1,900
期首残高		1,000
期末残高		▲900

　土地は非償却性資産なので減価償却費は計上されず、損益計算書の当期純利益は＋40万円で黒字、貸借対照表は利益剰余金が計上され債務超過ではない。しかし現預金がマイナスになっている。

　キャッシュフロー計算書の財務活動が大きくマイナスになることにより、フリーキャッシュフローが大きくマイナスとなっている。予想損益計算書だけでは「借入元本の返済」に要する負担を考慮できていないことを忘れてはならない。

3　利益指標と「3年分の予想損益計算書だけ」の危険性

　上記のことから利益を基準とした財務指標の危うさ、経営計画が「3年分の予想損益計算書だけ」で資金計画（予想キャッシュフロー計算書）が作成されていないことの危険性がわかる。

　もちろん、上記のような極端な例は現実にはありえない。売上が不調ではないにもかかわらず、こういった要因が複合的に生じると思わぬ資金繰りの悪化をもたらす。「資金繰りが悪化してから」対応策を考えるのではなく、「（利益計画に加えて）資金計画を作成」することで事前の防止に努めるべきである。

第6節 製造業における「利益」の怖さ

1 「製造原価は低いほうがよい」「操業度は高いほうがよい」は危険

伝統的な原価計算を学習すると「製造原価は低いほうがよい」「操業度は高いほうがよい」という先入観に陥りがちである。しかし、この先入観に気づかないと資金面で悪影響をもたらす。製造業の場合、売れる見込みもないのに生産量を増やすと利益が増加してしまい、半面、資金繰りは確実に悪化する。

2 操業度を上げると製造原価は低下し、利益は増える

操業度を上げた場合、原価計算面はどのようになるか。数値例をあげて解説する。

変動費※　3万円／台（材料費、電力料等）
固定費　年間5,000万円
　　（減価償却費2,000万円、現金支出を伴う費用3,000万円）
期首の在庫はゼロとする。
当期の売上　販売価格42,000円／台×3,800台＝1億5,960万円

※　ここでの変動費は「製造台数に比例する」という意味とする。損益分岐点分析における「売上に比例する変動費」とは異なる。

この条件のもとで「5,000台製造した場合」と「8,000台製造した場合」とで利益、在庫、現金の出入りがどのように異なるかを比較しよう。

	5,000台を製造	8,000台を製造
変動費	25,000円／台×5,000台 ＝125,000,000円	25,000円／台×8,000台 ＝200,000,000円
固定費	50,000,000円	50,000,000円
製造原価	175,000,000円	250,000,000円
1台当り 製造原価	175,000,000円÷5,000台 ＝35,000円／台	250,000,000円÷8,000台 ＝31,250円／台

1台当り製造原価が低下

「1台当り製造原価」が低下している。その原因は固定費にある。上表を最初から「1台当りの製造原価」で書き直すとはっきりする。

	5,000台を製造	8,000台を製造
変動費	25,000円／台	25,000円／台
固定費	50,000,000円÷5,000台 ＝10,000円／台	50,000,000円÷8,000台 ＝6,250円／台
1台当り 製造原価	35,000円／台	31,250円／台

固定費5,000万円を5,000台で割るか8,000台で割るかの違いが製造原価の低減をもたらしている。

これに基づいて利益と在庫を計算しよう。

	5,000台を製造	8,000台を製造
売上	42,000円／台×3,800台 ＝159,600,000円	42,000円／台×3,800台 ＝159,600,000円
売上原価	35,000円／台×3,800台 ＝133,000,000円	31,250円／台×3,800台 ＝118,750,000円
売上総利益	26,600,000円	40,850,000円
	5,000台を製造	8,000台を製造
（流動資産） 棚卸資産	35,000円／台×1,200台 ＝42,000,000円	31,250円／台×4,200台 ＝131,250,000円

第6節 製造業における「利益」の怖さ

売上原価は「1台当りの製造原価」に販売数量を乗じて計算される。だから「5,000台製造した場合」より「8,000台製造した場合」のほうが利益金額は大きくなる。

つまり、「売れる見込みが3,800台しかないのに8,000台製造したほうが利益は大きくなる」ということだ。

3 操業度を上げると利益は増えるが資金繰りは悪化する

次に、操業度を上げた場合、資金面はどのようになるか。数値例をあげて解説する。

	5,000台を製造	8,000台を製造
変動費（出金）	25,000円／台×5,000台 ＝▲125,000,000円	25,000円／台×8,000台 ＝▲200,000,000円
固定費（出金） （除く減価償却費）	▲30,000,000円	▲30,000,000円
売上（入金）	42,000円／台×3,800台 ＝159,600,000円	42,000円／台×3,800台 ＝159,600,000円
現金増減額	＋4,600,000円	▲70,400,000円

当然であるが「売れる見込みもないのにつくった」分だけ現預金は減少する。

「利益が大きくなる」という理由で「操業度を上げて製造原価を低下させる」と、資金繰りは悪化する。

4 「売れる分だけつくる」が資金繰りを改善する

では、「売れる分（3,800台）だけ製造する」とどのようになるか。計算しよう。

	3,800台を製造
原材料費	25,000円／台×3,800台＝95,000,000円
固定費	50,000,000円
製造原価	145,000,000円
1台当り製造原価	145,000,000円÷3,800台≒38,160円／台

売上	42,000円／台×3,800台＝159,600,000円
売上原価	38,160円／台×3,800台≒145,000,000円
売上総利益	14,600,000円

棚卸資産	0円

変動費（出金）	25,000円／台×3,800台＝▲95,000,000円
固定費（出金） （除く減価償却費）	▲30,000,000円
売上（入金）	42,000円／台×3,800台＝159,600,000円
現金増減額	＋34,600,000円

各々の操業度の利益と現金増を比較すると以下のようになる。

	3,800台を製造	5,000台を製造	8,000台を製造
売上総利益	14,600,000円	26,600,000円	40,850,000円
棚卸資産	0円	42,000,000円	131,250,000円
現金増減	＋34,600,000円	＋4,600,000円	▲70,400,000円

「利益は大きいほうがよい」という基準を採用すると「8,000台を製造」を選択することになる。「現金が増えるほうがよい」という基準を採用すると「3,800台を製造」を選択することになる。相反する結果になっている。

1970年代の高度成長期においては「つくった分だけ売れる」という経済環境であった。当期に少々在庫が増えても「来期には確実に売れる」ので、「増産に次ぐ増産、操業度を上げろ」が正解であった。

しかし、21世紀に入り人口減少が顕著になり「つくっても売れない」事態

が予想されると、「売れないのにつくるわけにはいかない」という経済環境に転じている。よって企業運営も「利益ではなく現金中心に」経営目標を転換すべきであろう。これを「キャッシュフロー重視の経営」と呼ぶ。

第7節 利益目標が在庫問題を生み出す

Level 2

1 在庫問題に関する誤解

第6節で解説したように、過剰な在庫が資金繰りを悪化させるのは「現金が（売れる見込みがない）在庫に変わる」からである。本章第6節の事例を用いて解説する。

	3,800台を製造	5,000台を製造	8,000台を製造
棚卸資産	0円	42,000,000円	131,250,000円
現金増減	＋34,600,000円	＋4,600,000円	▲70,400,000円

「在庫削減」というテーマで経営改善に取り組んでいる企業は多いが、なかなか結果を出せないケースが多い。その背景には「従業員の誤解」と同時に「経営者の誤解」がある。

「従業員の誤解」とは「在庫の負担」の意味の誤解である。「わが社は自社倉庫で、外部への保管料が発生するわけではない」とか、「冷蔵設備等が不要なので光熱費等は発生しない」から「在庫を保有するのにコストは発生しない」と漠然と考えている。自社倉庫で光熱費が発生しなくても、在庫が現金化するまでの期間は資金繰りを借入れでまかなう必要があり、そこから支払利息だけではなく元本部分の返済負担が生じる。在庫が長期化するほどこの財務的負担は大きくなる。

この問題は零細事業主には発生しない。1人で仕入れ・販売から資金繰りまで把握しているからである。組織化が進み、営業部門と経理部門とに分かれるところが分岐点になる。

しかし、在庫問題の根本的な原因は「経営者の誤解」である。経営者は

「在庫を削減しろ」といいつつ、部門に利益目標を提示する。在庫削減の指示に従わないのは「現場にやる気がないから」と考える。これら一連は「経営者の誤解」から生じている。以下は「経営者の誤解」を中心に解説する。

2　在庫は仕事熱心な従業員が生み出す

経営者がいくら「在庫削減しろ」と指示をしても在庫が減らないのは、従業員が仕事に無責任だからではなく、「仕事に熱心だから」である。

熱心な営業ならば「顧客の要望に応えたい」と考える。顧客からの発注に対して「即時に納品」したい。逆に避けたいのは発注があったにもかかわらず「在庫がない」、いわゆる欠品である。そのためには「常に、全商品を、十分な量を」抱えておきたい。しかも、そうしても「利益には影響し̇な̇い̇」からである。

伝統的な価値観にとらわれた製造現場であれば「製造原価を低くするために操業度を高めよう」とするかもしれない。操業度が上がれば1台当りの製造原価は低くなることは前節で解説した。そうすることでたしかに「利益は̇増̇え̇る̇」からだ。

3　在庫が減らない根本原因は経営者の提示する利益目標

「在庫が減らない原因」は営業・製造現場の理解不足だけではない。根本的な原因は「経営者が提示する利益目標」である。このことを事例を用いて解説する。

原価47,000円／台の製品を1,000台、総額4,700万円を在庫として保有しているが、正規の販売価格6万円／台で売却できる見込みはない。営業部門はこの在庫に対して下記のような対処法を考慮中である。

① 対処法1：在庫を廃棄する
② 対処法2：経理上、評価損を計上し帳簿価値をゼロにする
③ 対処法3：販売価格を2万円／台に引き下げて販売する

---

④ 対処法4：何もしない

対処法1～4の資金繰りと利益への影響は以下のようになる。

	資金繰り	利益
対処法1： 廃棄する	廃棄損の計上による 法人税の節約	(▲) 減少
対処法2： 評価損を計上	なし（評価損の計上だけでは 法人税は減少しない）	(▲) 減少
対処法3： 値下げ販売	売却代金分の現金増加 売却損による法人税の節税	(▲) 減少
対処法4： 何もしない	なし	なし

「利益目標を達成する」ことを優先すると対処法4「何もしない」を選択せざるをえないだろう。

これが零細企業で経営者本人が在庫を管理している場合には、資金繰り改善の効果がいちばん大きい対処法3「2万円／台で販売」を実施するはずである。つまり、在庫削減を阻むのは「利益目標」そのものである。

4 「在庫を減らせ」という指示は不適切

経営者が「在庫を減らせ」と指示を出し、在庫が減ったにもかかわらず資金繰りが改善しない事態も起こりうる。大量に生産し、売れ残った在庫を「廃棄や低価格で売却する」ことで在庫が減っても資金繰りは改善しない。

経営者は「在庫を削減しろ」ではなく、「売れる分だけ仕入れろ」「売れる分だけつくれ」と指示すべきである。

5 資金繰りだけで在庫を考えると会社は潰れる

資金繰りに関しては「在庫は少ないほうがよい」ことになる。現実にパソコンの製造販売では「受注してから製造し、販売する」という無在庫商法がある。

しかし、どの分野でも応用できるわけではない。たとえば、コンビニを例にイメージしよう。コンビニで「売れる分だけ仕入れる」を徹底すると「昼休みが終わる頃には弁当の棚が空になる」ことになる。これでコンビニは繁盛するだろうか。在庫が減らない原因で、営業部門が「顧客から受注を受けたら即納したい」と考えるのは間違いではない。売れなければ資金繰り上にもマイナスであることは明らかである。さらに在庫が極限まで削減された場合、災害発生時に供給網が長期にわたって停止することにつながりかねない。

　その一方で、食品の場合、廃棄ロスが社会的に問題視されている。「適正な在庫水準」は財務的な面も無視できないが、営業面や社会的な要請にも配慮しなければならない。

第4章
回転期間、回転率

第1節 回転期間、回転率の概観

1　回転期間と回転率の源

　安全性の指標は主に貸借対照表から、収益性指標は主に損益計算書から計算される。回転期間および回転率は貸借対照表と損益計算書との両方から計算される。

　貸借対照表と損益計算書には直接明示されないが、決済条件等の営業側面が回転期間の直接的な形成要因となっている。

2　回転期間と回転率との関係

　売上債権、在庫、固定資産等の貸借対照表項目と売上とから計算されるものに回転期間、回転率がある。

$$回転期間 = \frac{資産残高}{年間売上 \div 12 カ月}$$

$$回転率 = \frac{年間売上}{資産残高}$$

　回転期間は「資産残高は売上の何カ月分か」という表示であり、回転率は「売上は資産残高の何倍か」という表示である。両者には以下の関係がある。

$$回転期間 = \frac{1}{回転率} \times 12 カ月$$

回転期間が長いことは回転率が低い、回転期間が短いことは回転率が高いことを意味する。

　売上債権、仕入債務、在庫のように、売上と比例的な関係にあり決済条件等が月数で表示されるものに関しては回転期間が用いられることが一般的である。一方、固定資産や資産全体のように売上と比例的な関係になく、決済条件とは無縁なものに関しては回転率で表記されることが一般的である。

　ただし、どちらの指標を利用しても実務上の違いは生じない。なお、在庫と仕入債務を売上ではなく、原価ベースで回転期間を計算する場合は要注意である。この点に関しては本章第3節で解説する。

第2節 売上債権回転期間

1 売上債権回転期間の意義

$$売上債権回転期間 = \frac{受取手形 + 売掛金}{年間売上 \div 12 カ月}$$

売上は大きいほうがよいが、売掛金・受取手形は少ないほうがよい。なぜなら貸倒れの可能性があるだけでなく、自社の支払いには使えないからだ。つまり「売上債権回転期間は短いほうがよい」ということになる。そこだけ

図表4－2－1　売上債権回転期間

売上	流動資産	負債
	受取手形、売掛金	
…	固定資産	
当期純利益		純資産

図表4－2－2　2018年度の売上債権回転期間（全産業・全規模）は1.85カ月
※業種別・資本金別　　　　　　　　　　　　　　　　　　　　　（単位：カ月）

資本金 業種	1,000万円未満	1,000万～1億円	1億～10億円	10億円以上
製造業	1.64	2.17	2.39	2.45
非製造業	1.07	1.48	1.84	1.97

（出所）　財務省「法人企業統計調査からみる日本企業の特徴」(https://www.mof.go.jp/pri/reference/ssc/japan/index.htm)

考えると現金売りがベストということになる（図表4－2－1、4－2－2）。

しかし、個人相手の飲食店ならともかく、「現金売り以外はお断り」では売上そのものが発生しなくなる。掛売り、掛仕入れも、「当事者同士で決める」というより、業種ごとの慣行に従わざるをえないのが実情である。したがって回転期間に関しては「業界平均と比較」することの意義が大きいといえる。

2　月次売上、決済条件、売掛金の関係

年度末の売掛金残高は月次売上と決済条件によって決まる。これらの関係を、事例を用いて解説する。なお、ここでは簡便化のため現金売上、受取手形はないものと仮定する。

決済条件：月末締めの翌々月10日払い（2カ月後）

	…	1月	2月	3月	年間合計
売上	…	19,000	23,000	27,000	240,000
入金	…	…	…	19,000	…
売掛金	…	…	42,000	50,000	

決済条件が「月末締めの翌々月10日払い」なので1月1日から31日までの売上19,000は2カ月後の3月10日に入金される。決算日3月31日に売掛金は2月分売上23,000と3月分売上27,000との合計50,000である。

$$売上債権回転期間 = \frac{23,000 + 27,000}{240,000 \div 12カ月} = 2.5カ月$$

売上債権回転期間2.5カ月は決済条件の2カ月に近いものの一致しない。その原因は「決算日前2カ月の売上が、月次平均（240,000÷12カ月）よりも多かった」からである。もし、毎月の売上が20,000で一定ならば決済条件と回転期間は一致する。

決済条件：月末締めの翌々月10日払い

	…	1月	2月	3月	年間合計
売上	…	20,000	20,000	20,000	240,000
入金	…	20,000	20,000	20,000	…
売掛金	…	40,000	40,000	40,000	

$$売上債権回転期間 = \frac{40,000}{240,000 \div 12 カ月} = 2.0 カ月$$

3　回転期間を計算する目的、利用方法

(1) 【目的1】架空売上、不良債権の兆候の発見

　売上債権回転期間を計算する目的の一つに「架空売上、不良債権の兆候の発見」がある。以下、事例を用いて解説する。なお、簡便化のため「毎月の売上は一定」とする。

　1月分の売上20,000が顧客の経営悪化で3月末でも未入金になっているとする。すると売掛金は60,000になり回転期間は長期化する。

決済条件：月末締めの翌々月10日払い

	…	1月	2月	3月	年間合計
売上	…	20,000	20,000	20,000	240,000
入金	…	20,000	20,000	0	…
売掛金	…	40,000	40,000	60,000	

$$売上債権回転期間 = \frac{60,000}{240,000 \div 12 カ月} = 3.0 カ月$$

　決済条件が「2カ月後」で変更がないにもかかわらず、不良債権が売掛金として滞留し続けるので回転期間が長期化する。

　架空売上を計上した場合も同様である。架空売上が入金されることはないので売掛金に残り続ける。

決済条件：月末締めの翌々月10日払い

	…	1月	2月	3月	年間合計
売上	…	20,000 ＋架空5,000	20,000	20,000	240,000 ＋架空5,000
入金	…	20,000	20,000	20,000	…
売掛金	…	45,000	45,000	45,000	

$$売上債権回転期間 = \frac{45,000}{245,000 \div 12カ月} = 2.2カ月$$

(2) 回転期間の正常な変動要因

このように不良債権と架空売上の兆候を発見できるとされている。しかし、回転期間だけでは判断できない。不良債権、架空売上がなくても下記の要因により回転期間の数値は変化する。

① 月次売上の変動が大きい：決算期直前の数カ月の売上によって売掛金は決まる。したがって急速に売上が増加している場合、期末直前の売上は年間平均よりも大きくなる可能性がある。この場合、回転期間は長くなる。逆に売上が減少した場合には回転期間は短くなる。

② 決済条件が変更された：決済条件が長期化した場合、当然に売掛金は増加する。したがって回転期間は長期化する。

③ 決済条件の異なる売上の構成が変わった：決済条件の変更がなくとも、現金売上、手形決済等、回収方法が複数ある場合、これらの売上構成比が変化すれば回転期間は変化する。現金売上等の決済期間が短い取引が増加すれば回転期間は短くなる。

(3) 詳細な検証方法

中小企業の場合、法人税の申告に「法人事業概況説明書」が添付される。その裏面の「14（決算日等の状況）」と「18（月別の売上高等の状況）」の記載欄がある。手間はかかるが、回転期間よりもこちらの情報から売掛金残高の妥当性を検証するほうが実態を把握できるし、経営者にも質問しやすい（図表4－2－3）。

図表4－2－3　法人事業概況説明書

14 決済日等の状況				
売　上	締切日		決済日	
仕　入	締切日		決済日	
外注費	締切日		決済日	
給　料	締切日		支給日	

15 帳簿書類の備付状況	
帳　簿　書　類　の　名　称	

16 税理士の関与状況			
(1)氏　名			
(2)事務所所在地			
(3)電話番号			
(4)関与状況	◌申告書の作成	◌調査立会	◌税務相談
	◌決算書の作成	◌伝票の整理	◌補助簿の記帳
	◌総勘定元帳の記帳	◌源泉徴収関係事務	

17 加入組合等の状況			
（役職名）			
（役職名）			
営業時間	開店　　時	閉店　　時	
定休日	毎週（毎月）	曜日（	日）

18 月別の売上高等の状況 月別	売上（収入）金額		仕入金額		外注費	人件費	源泉徴収税額		従事員数
月	千円	千円	千円	千円	千円	千円	円	千円	人
月									
月									
月									
月									
月									
月									
月									
月									
月									
月									
月									
計									
前期の実績									

（出所）「法人事業概況説明書」国税庁ホームページ（https://www.nta.go.jp/law/tsutatsu/kobetsu/hojin/010705/pdf/0019004-098_4.pdf）

⑷　【目的２】運転資金需要の予測・計画

回転期間を計算する目的には「運転資金需要の予測・計画」もある。売上債権だけでなく、在庫および仕入債務の回転期間を把握すれば、将来の売上予想に応じて必要となる運転資金を把握できる。その場合、回転期間はすべて売上で計算するよう統一しなければならない。これについては在庫回転期間および仕入債務回転期間の解説が終わった後（本章第５節）で説明する。

第3節 棚卸資産回転期間

1 棚卸資産回転期間の意義

$$棚卸資産回転期間 = \frac{棚卸資産}{年間売上^※ \div 12カ月}$$

※ 売上ではなく売上原価を用いて計算することもある。この二つの使分けについては後述する。

売上は多いほうがよい、「売残り」は少ないほうがよい。したがって棚卸

図表4－3－1　棚卸資産回転期間の意義

売上	流動資産	負債
	棚卸資産	
…	固定資産	
当期純利益		純資産

図表4－3－2　2018年度の棚卸資産回転期間（全産業・全規模）は0.95カ月

※業種別・資本金別　　　　　　　　　　　　　　　　　　　　（単位：カ月）

業種＼資本金	1,000万円未満	1,000万～1億円	1億～10億円	10億円以上
製造業	0.67	1.30	1.30	1.33
非製造業	0.69	0.92	0.65	0.86

（出所）　財務省「法人企業統計調査からみる日本企業の特徴」(https://www.mof.go.jp/pri/reference/ssc/japan/index.htm)

資産回転期間は短いほうがよい。ただし、第3章第7節で解説したように、財務面だけから在庫水準を決定することはできない。また、在庫の量は店舗の広さ・品種に依存するため、単純に業界平均と比較して優劣を判断することはできない。また、「在庫の回転期間」というと在庫残高に意識が行きがちであるが、売上に原因があることも往々にしてある。売上が少ないからといって店頭に並べる商品を減らすことが賢明とはいえないからである（図表4-3-1、4-3-2）。

2　月次売上と棚卸資産の関係

　売上債権回転期間の場合、決済条件で売掛金残高が決まった。棚卸資産の場合、受注・生産・出荷のプロセスで決まる。

　八百屋のように生鮮食品を扱う店舗の場合、期末日の在庫であってもせいぜい1～2日分の売上に相当するものになるはずだ。逆にスキー用品等の季節性が強い商品の場合、期末日次第では1年分の在庫を保有している可能性もある。製造業の場合、製造期間によって望ましい在庫金額が異なるうえ、受注生産か見込生産かでも変わるだろう。「望ましい在庫」の水準は同業他社比較も有効であろうが、基本はその企業の生産・営業プロセスを数量と価格との両面から考えるべきである。

3　売上か売上原価か

　棚卸資産回転期間を計算するにあたって、売上を用いる方法と売上原価を用いる方法とがある。結論からいえば「どちらでもよい」のであるが、利用方法によってどちらを採用するかを考えるべきである。このことを事例を用いて解説する。

　この会社は2,000円／個で製造した製品を5,000円／個で販売している。毎月の販売個数は1万個で安定している。在庫は常に1カ月の販売個数である1万個に保っている。

年間売上：販売価格5,000円／個×12万個＝600百万円

年間売上原価：原価2,000円／個×12万個＝240百万円
期末在庫：仕入原価2,000円／個×1万個＝20百万円

これを売上と売上原価との各々で棚卸資産回転期間を計算しよう。

$$棚卸資産回転期間（売上ベース）＝\frac{20百万円}{600百万円÷12カ月}＝0.4カ月$$

$$棚卸資産回転期間（原価ベース）＝\frac{20百万円}{240百万円÷12カ月}＝1.0カ月$$

数値例のように原価と販売価格とに大きな乖離がある場合、在庫の数量と整合性があるのは原価ベースで計算したほうで、売上ベースで計算すると実態と乖離してしまう。このように在庫数量を把握したい場合には原価ベースが望ましい。

では、次に貸借対照表の資産全体の回転期間を考えよう。このような資産全体の回転期間（あるいは回転率）はROEの3指標分解等で登場する（第3章第2節）。

流動資産		負債	
売上債権	50		
棚卸資産	20		
固定資産			
	60	純資産	
資産合計	130		

$$売上債権回転期間＝\frac{売上債権}{年間売上÷12カ月}＝\frac{40}{50}＝0.8カ月$$

$$棚卸資産回転期間＝\frac{棚卸資産}{年間売上原価÷12カ月}＝\frac{20}{20}＝1.0カ月$$

$$固定資産回転期間＝\frac{固定資産}{年間売上÷12カ月}＝\frac{60}{50}＝1.2カ月$$

回転期間を合計すると 3 カ月になる。ここで、資産全体の金額と売上とから回転期間を計算する。

$$資産回転期間 = \frac{資産}{年間売上 \div 12カ月} = \frac{130}{50} = 2.6カ月$$

項目ごと回転期間を算出して合計するのと資産全体で回転期間を算出するのとでは一致しない。

棚卸資産回転期間も売上ベースで計算して合計しよう。

$$売上債権回転期間 = \frac{売上債権}{年間売上 \div 12カ月} = \frac{40}{50} = 0.8カ月$$

$$棚卸資産回転期間（売上ベース）= \frac{20}{50} = 0.4カ月$$

$$固定資産回転期間 = \frac{固定資産}{年間売上 \div 12カ月} = \frac{60}{50} = 1.2カ月$$

合計は2.4カ月となり、資産回転率と一致する。

つまり、ROEの3指標分解で登場する回転率（回転期間）を分解する場合は、棚卸資産の回転期間も原価ベースではなく売上ベースで表示しないと不整合が生じることになる。

このことは後述する運転資金需要の予測の場面でも留意すべき点である。

第4節 仕入債務回転期間

1 仕入債務回転期間の意義

$$仕入債務回転期間 = \frac{支払手形 + 買掛金}{年間売上\text{※} \div 12カ月}$$

※ 売上ではなく売上原価を用いて計算することもある。この二つの使分けについては「棚卸資産回転期間」で解説している。また後述もする。

売上と違い仕入れは多いほうがよいとはいえないが、仕入れがないと売上

図表4-4-1 仕入債務回転期間

売上 売上原価 … 当期純利益	流動資産	負債 支払手形、買掛金
	固定資産	
		純資産

図表4-4-2 2018年度の仕入債務回転期間（全産業・全規模）は1.37カ月

※業種別・資本金別 　　　　　　　　　　　　　　　　　　（単位：カ月）

資本金 業種	1,000万円未満	1,000万〜1億円	1億〜10億円	10億円以上
製造業	0.76	1.43	1.78	1.70
非製造業	0.62	1.22	1.55	1.37

（出所）　財務省「法人企業統計調査からみる日本企業の特徴」(https://www.mof.go.jp/pri/reference/ssc/japan/index.htm)

は生じない。また、売上代金の回収・入金は早いほうがよいが、逆に仕入代金の支払いは遅いほうが助かる。

しかし、Ａ社がＢ社から仕入れた場合、Ａ社にとっては「仕入れと買掛金」であるが、Ｂ社にとっては「売上と売掛金」である。よって業界全体でみると売上債権回転期間と仕入債務回転期間に大きな乖離はないはずである（図表４－４－１、４－４－２）。

Ａ社がＢ社から現金で仕入れる場合、支払条件がＢ社にとって有利（Ａ社にとって不利）であることを理由に、Ａ社は取引価格の引下げを要求できるかもしれない。いわゆる現金値引きである。

2　買掛金と売掛金との違い

当社の買掛金は、仕入先にとっては売掛金である。したがって前述の「売上債権回転期間」における議論が仕入債務回転期間にも当てはまることが多い。ただし、棚卸資産回転期間と同様に売上に基づいて回転期間を計算するか、売上原価に基づいて計算するかの問題が生じる。さらに売上と売掛金には決済条件により直接の関係にあるが、買掛金と決済条件によって直接の関係にあるのは売上原価ではなく、仕入れである。

$$売上原価 = 期首棚卸資産 + 仕入れ - 期末棚卸資産$$
$$= 仕入れ - 棚卸資産増加額$$

よって、棚卸資産の増減が大きい場合は回転期間と決済条件との乖離が大きくなる。

また「利益の過大計上」の兆候、粉飾を発見する目的では「売上債権の過大計上」とは逆方向の「仕入債務の過少計上」の可能性を検証する必要がある（第８章参照）。

3　月次仕入れ、決済条件、買掛金の関係

年度末の買掛金残高は月次仕入れと決済条件によって決まる。これらの関

係を、事例を用いて解説する。ここでは簡便化のためすべて掛仕入れとし、現金仕入れと手形支払いはないものと仮定する。

決済条件：月末締めの翌々月10日払い（2カ月後）

	…	1月	2月	3月	年間合計
売上	…	19,000	23,000	27,000	240,000
売上原価	…	11,400	13,800	16,200	144,000
仕入れ	…	9,000	15,000	13,000	150,000
支払い	…	…	…	9,000	…
買掛金	…	…	24,000	28,000	

決済条件が「月末締めの翌々月10日払い」なので1月1日から31日までの仕入れ9,000は2カ月後の3月10日に支払われる。決算日3月31日に買掛金は2月分仕入れ15,000と3月分13,000の合計28,000である。

$$仕入債務回転期間（売上ベース）= \frac{28,000}{240,000 \div 12カ月} = 1.4カ月$$

売上ベースの回転期間1.4カ月は決済条件の2カ月と乖離が大きい。その原因は「買掛金と売上とを比べた」からである。

では、売上原価ベースで回転期間を計算しよう。

$$仕入債務回転期間（売上原価ベース）= \frac{28,000}{144,000 \div 12カ月} = 2.3カ月$$

回転期間2.3カ月は決済条件の2カ月と近くなったもののやはり乖離がある。その原因は「仕入れと売上原価とが一致しない」からである。一致しない原因は棚卸資産残高が増加したことによる（仕入れたが売れなかった分）。

最後に年間仕入ベースで回転期間を計算しよう。

図表4－4－3　2018年度の売上債権回転期間（全産業・全規模）は1.85カ月

※業種別・資本金別　　　　　　　　　　　　　　　　　　　　　　　　　（単位：カ月）

業種＼資本金	1,000万円未満	1,000万～1億円	1億～10億円	10億円以上
製造業	1.64	2.17	2.39	2.45
非製造業	1.07	1.48	1.84	1.97

(注)　図表4－2－2の再掲。
(出所)　財務省「法人企業統計調査からみる日本企業の特徴」（https://www.mof.go.jp/pri/reference/ssc/japan/index.htm）

$$仕入債務回転期間（仕入ベース）=\frac{28,000}{150,000\div 12カ月}=2.24カ月$$

　やはり決済条件と一致しない。その原因は「期末直前2カ月の仕入れが年間平均よりも大きい」ためである。
　このような要因で回転期間と買掛金の決済条件には乖離が生じることを理解したうえで解釈・利用すべきである。
　統計上で全産業の売上債権回転期間（1.85カ月）と比べて仕入債務回転期間（1.37カ月）が短いのは決済条件の違いが原因ではない。ある会社の売掛金の決済条件は、取引先からみれば買掛金の決済条件である。したがって全国統計での売掛金と買掛金の決済条件は一致するはずである。であるにもかかわらず統計上で差があるのは決済条件に差があることを意味せず、仕入債務と売上から回転期間を計算したことが主因である（図表4－4－3）。

4　回転期間を計算する目的、利用方法

(1)【目的1】買掛金の支払遅れの兆候の発見

　仕入債務回転期間を計算する目的の一つに「買掛金の支払遅れの兆候の発見」がある。以下、事例を用いて解説する。簡便化のため「毎月の仕入れは一定」「仕入れと売上原価とは一致（在庫に変化はない）」とする。

決済条件：月末締めの翌々月10日払い（2カ月後）

	…	1月	2月	3月	年間合計
売上	…	20,000	20,000	20,000	240,000
仕入れ	…	12,000	12,000	12,000	144,000
買掛金	…	24,000	24,000	24,000	

$$仕入債務回転期間（売上ベース）=\frac{24,000}{240,000 \div 12カ月}=1.2カ月$$

仕入債務回転期間が決済条件よりも短くなることは前述した。これが正常な状態である。

もし、3月に支払うべき1月分の買掛金支払いができなかった場合、買掛金は3カ月分（36,000）に増加する。その結果、回転期間は長期化する。これは「粉飾がない」ケースであることに注意してほしい。

	…	1月	2月	3月	年間合計
売上	…	20,000	20,000	20,000	240,000
仕入れ	…	12,000	12,000	12,000	144,000
買掛金	…	24,000	24,000	36,000	

$$仕入債務回転期間（売上ベース）=\frac{36,000}{240,000 \div 12カ月}=1.8カ月$$

この状況を「支払条件が長期化されて、資金繰りが楽になった」と想像してはならない。

(2) 【目的2】買掛金の過少計上（粉飾）の兆候の発見

仕入債務回転期間を計算する目的には「買掛金の過少計上（粉飾）の兆候の発見」もある。以下、事例を用いて解説する。買掛金残高の過少計上[※]により利益の水増し、いわゆる粉飾が行われることがある。

※ 損益計算書の利益を過大計上すると、必ず貸借対照表の資産の過大計上か負債の過少計上を伴う（第8章第1節参照）。

決済条件:月末締めの翌々月10日払い(2カ月後)
在庫に増減がなく、仕入れが売上原価と一致する。

	…	1月	2月	3月	合計
売上	…	20,000	20,000	20,000	240,000
仕入れ(売上原価)	…	12,000	12,000	12,000	144,000
買掛金	…	24,000	24,000	24,000	

$$仕入債務回転期間(売上ベース)=\frac{24,000}{240,000\div 12カ月}=1.2カ月$$

$$仕入債務回転期間(売上原価ベース)=\frac{24,000}{144,000\div 12カ月}=2.0カ月$$

ここから利益を水増しするために仕入れ(売上原価)と買掛金とを過少計上しよう。(実際にはこんな露骨なことはしないはずだが) 3月分の仕入れがなかったことにする。

決済条件:月末締めの翌々月10日払い(2カ月後)

	…	1月	2月	3月	年間合計
売上	…	20,000	20,000	20,000	240,000
仕入れ(売上原価)	…	12,000	12,000	0	132,000
買掛金	…	24,000	24,000	12,000	

$$仕入債務回転期間(売上ベース)=\frac{12,000}{240,000\div 12カ月}=0.6カ月$$

買掛金が過少計上され、売上に変化がないから回転期間が短縮する。

これは売上原価ベースでも同じである。仕入れを12,000過少計上すると売上原価も同額過少計上になる。これに基づいて回転期間を計算しよう。

$$仕入債務回転期間(売上原価ベース)=\frac{12,000}{132,000\div 12カ月}=1.1カ月$$

分母の売上原価も買掛金と同額12,000減少するが、12カ月で割って月次平均にするため減少割合が小さい。よって回転期間は短縮化する。

この状況を「支払条件が短縮化されて、資金繰りが苦しくなった」と想像してはならない。

5　回転期間の正常な変動要因

前述のように支払遅延や仕入れ・買掛金の過少計上が回転期間の変化に表れるが、正常な状態でも下記の要因により回転期間の数値は変化する。

① 月次売上（売上原価）の変動が大きい：回転期間は月次平均をベースに計算される。したがって決算期直前の数カ月の売上（売上原価）が平均よりも大きかったり小さかったりすると回転期間が変化する。

② 決済条件が変更された：決済条件が変化すれば回転期間は変化する。

③ 決済条件の異なる仕入れの構成が変わった：決済条件の変更がなくとも、現金仕入れ、手形決済等の支払方法が複数ある場合、これらの仕入構成比が変化すれば回転期間は変化する。現金仕入等の決済期間が短い取引が増加すれば回転期間は短くなる。

④ 売上ベースで回転期間を計算する場合：売上総利益率が変化した場合、売上と売上原価（仕入れ）との乖離が変化するため、決済条件に変化がなくても回転期間が変化する。

⑤ 売上原価ベースで回転期間を計算する場合：棚卸資産の期首期末の増減がある場合、仕入れと売上原価とが乖離するため決済条件に変更がなくても回転期間に変化が生じる。

6　詳細な検証方法

売上債権回転期間と同様に、「法人事業概況説明書」の情報から買掛金残高を検証できる。手間はかかるが実態を把握できる。経営者にも質問しやすくなる（図表4－4－4）。

図表4-4-4　法人事業概況説明書

14 決済日等の状況	売　上	締切日		決済日		16 税理士の関与状況	(1)氏　名						
	仕　入	締切日		決済日			(2)事務所在地						
	外注費	締切日		決済日			(3)電話番号						
	給　料	締切日		支給日			(4)関与状況	○申告書の作成　○調査立会　○税務相談 ○決算書の作成　○伝票の整理　○補助簿の記帳 ○総勘定元帳の記帳　○源泉徴収関係事務					
15 帳簿類の備付状況	帳　簿　書　類　の　名　称												
						17 加入組合等の状況	(役職名)						
							(役職名)						
							営業時間	開店　　時　　閉店　　時					
							定休日	毎週（毎月）　　曜日（　　日）					
18 月別の売上高等の状況	月別	売上(収入)金額		仕　入　金　額		外注費	人件費	源泉徴収税額		従事員数			
	月	千円	千円	千円	千円	千円	千円	円	千円	人			
	月												
	月												
	月												
	月												
	月												
	月												
	月												
	月												
	月												
	月												
	月												
	計												
	前期の実績												

（出所）「法人事業概況説明書」国税庁ホームページ（https://www.nta.go.jp/law/tsutatsu/kobetsu/hojin/010705/pdf/0019004-098_4.pdf）

第5節 運転資金需要の予測・計画

1 運転資金需要の意義

通常の商取引では仕入れが先行し、受け取った商品（在庫）が売れ、その代金が入金されるまで時間差が生じる。

この期間に減少する現金を運転資金（需要）と呼ぶ。ただ、経費の支払いのように「現金の流出」を意味するのではなく、あくまで「入金の遅れ」によって生じるものであり、本質的には現金が増加するプロセスである。

現金仕入れの場合、運転資金は「売掛金＋在庫」残高相当になる。掛仕入れの場合、買掛金残高だけ支払いが猶予されるので「売掛金＋在庫－買掛金」が運転資金（需要）となる。

この運転資金需要に対して金融機関は「担保なしで」積極的に融資すべきと金融庁が「短期継続融資（通称短コロ）」容認に方向転換している（第2章第3節参照）。

2 回転期間からの予測

これまで売上債権、棚卸資産、仕入債務の回転期間を解説してきた。この三つがそろうと売上が増加した場合の運転資金需要を予測できる。以下、事例をもとに解説する（図表4－5－1）。

図表4−5−1　運転資金の計算

売上　　　240,000	流動資産 売上債権　40,000 棚卸資産　36,000	負債 　仕入債務　24,000
売上原価　144,000		
…	固定資産	
当期純利益		純資産

　月次売上は20,000、売上原価は12,000で一定、売上原価と仕入れは一致する（在庫に変化はない）ものとする。
　決済条件：売上債権2カ月後、仕入債務2カ月後
　在庫水準：原価ベースで3カ月分

この状況で運転資金需要は以下のようになる。

　運転資金需要＝売上債権40,000＋棚卸資産36,000−仕入債務24,000
　　　　　　　＝52,000

運転資金需要を回転期間で計算しよう。

$$売上債権回転期間 = \frac{40,000}{240,000 \div 12カ月} = 2.0カ月$$

$$棚卸資産回転期間（売上ベース）= \frac{36,000}{240,000 \div 12カ月} = 1.8カ月$$

$$仕入債務回転期間（売上ベース）= \frac{24,000}{240,000 \div 12カ月} = 1.2カ月$$

運転資金需要＝月次売上
　　　　　　×（売上債権回転期間＋棚卸資産回転期間−仕入債務回転期間）
　　　　　＝20,000×（2.0カ月＋1.8カ月−1.2カ月）

$$= 20,000 \times 2.6 \text{カ月} = 52,000$$

　このように回転期間の差異2.6カ月を把握しておけば、売上（月商）に応じて運転資金需要がいくらになるか簡単に計算できる。

　この計算で注意が必要なのは「回転期間は売上ベースで統一すること」である。棚卸資産と仕入債務との回転期間を「決済条件と検証したいから」という理由で売上原価ベースの回転期間で差異を計算すると誤差が生じる。

$$\text{棚卸資産回転期間（売上原価ベース）} = \frac{36,000}{144,000 \div 12\text{カ月}} = 3\text{カ月}$$

$$\text{仕入債務回転期間（売上原価ベース）} = \frac{24,000}{144,000 \div 12\text{カ月}} = 2\text{カ月}$$

運転資金需要 = 月次売上
　× （売上債権回転期間 + 棚卸資産回転期間 − 仕入債務回転期間）
= 20,000 ×（2.0カ月 + 3.0カ月 − 2.0カ月）
= 20,000 × 3.0カ月 = 60,000

　これは決済条件等をダイレクトに入力した場合でも同じ誤差が生じる。

　もっとも、前述のように回転期間そのものがさまざまな要因で実態と乖離してしまうので「この程度の誤差なら実用上問題ない」とする見識もあろう。

第6節 固定資産回転率

1 固定資産回転率の意義

$$固定資産回転率 = \frac{売上}{固定資産}$$

　ある製造機械の生産能力が100万個であったとする。この機械を購入した企業が年間20万個しか生産していなかった場合、稼働率が20％と低調で「せっかくの機械がもったいない」ことになる。そもそも20万個しか生産しないのであれば生産能力がもっと小さい機械を購入すればよかったのかもし

図表4－6－1　固定資産回転率

売上	流動資産	負債
…	固定資産	
当期純利益		純資産

図表4－6－2　2018年度の有形固定資産回転率（全産業・全規模）は3.34回
※業種別・資本金別　　　　　　　　　　　　　　　　　　　（単位：回）

資本金 業種	1,000万円未満	1,000万〜1億円	1億〜10億円	10億円以上
製造業	3.59	3.41	4.41	4.43
非製造業	2.56	3.13	5.54	2.59

（出所）　財務省「法人企業統計調査からみる日本企業の特徴」（https://www.mof.go.jp/pri/reference/ssc/japan/index.htm）

れない。逆に年間90万個を生産している場合、稼働率が90％と上限に迫っており、「この機械を十分に活用している」ことになる。

このように「機械を活用できているか」を財務情報から推測したい。しかしながら財務情報からは生産能力も、生産台数も知ることはできない。そこで生産台数のかわりに売上を、生産能力のかわりに固定資産金額を採用したのが固定資産回転率である（図表４－６－１、４－６－２）。

$$稼働率 = \frac{生産台数}{生産能力}$$

$$固定資産回転率 = \frac{売上}{固定資産}$$

このように「まず生産（営業）現場から考える」ほうが経営者にとって理解がしやすく、経営判断に有用である。また「稼働率は100％を超えない」「機械ごとに生産可能台数は異なる」という固定資産回転率の限界も理解できるはずである。

ただし、固定資産の効率性は物理的な稼働率だけではなく、財務面からも考えなければならない。以下、事例をもとに解説する。

経営者が新製品を年間50万個生産するために、新しい機械の購入を検討している。候補になっているのは生産能力が大きい機械Aと、小さい機械Bである。

	機械A	機械B
生産能力	100万個	20万個
価格	500万円	200万円

年間50万個を生産する場合、「機械Aを１台購入する」と「機械Bを３台購入する」という選択肢が考えられる。

	機械Aを1台	機械Bを3台
稼働率	$\dfrac{50万個}{100万個}=50\%$	$\dfrac{50万個}{60万個}=83.3\%$
投資額	500万円	600万円

「機械Bを3台」のほうが稼働率は高いが、投資額が「機械Aを1台」よりも不利である。つまり、財務面の効率は「機械Aを1台」のほうが高い。

さらに将来70万個を生産することになった場合、「機械Aを1台」だと追加投資の必要はないが、「機械Bを3台」のほうはもう1台購入しなければならないので200万円の追加投資を要する。このように「稼働率は高いほうがよい」とは常にはいえない。

2　資産回転率が変化する要因

$$固定資産回転率 = \frac{売上}{固定資産}$$

理想はより少ない固定資産への投資で、より多くの売上を得ることなので「固定資産回転率は高いほうがよい」とされる。回転率に変化がある場合、まず固定資産と売上との増減額に注目すべきである。

増産を計画し、それに必要な設備投資を行ってもすぐにそれに比例する売上が実現するわけではない。設備投資（から生じる減価償却費）は固定費であって、売上に比例する変動費ではないからである。したがって計画どおりに売上が増加したとしても初期の段階では固定資産回転率は（一時的に）低下する可能性がある。しかし、経営が悪化したとはいえない。

ある製品部門の経営成績が芳しくない場合、上場企業は会計上「減損」[※1] という会計処理を行わねばならない。すると帳簿上の固定資産は減少し、売上に変動はないから固定資産回転率は上昇する。この変化は「経営が改善された」とはいえないだろう[※2]。

※1 減損処理とは大雑把なイメージでいうと「将来の減価償却費全額を、一気に今期に計上する」ことである。
※2 この状況でも「資産の効率性が高まったと解釈すべきではないか」という意見もあるだろう。しかし、生産現場にも営業現場にも変化はなく伝票操作だけなので、筆者は「効率性に変化はない」と判断すべきと考える。

また、資産回転率の変化というと「生産現場に変化があった」という先入観をもちがちである。しかし、販売価格が上昇すると生産数量が同じでも売上は増加するので固定資産回転率は上昇する。これは生産現場に変化があったためではなく、営業面、市況の影響によるものである。

$$固定資産回転率 = \frac{売上}{固定資産} = \frac{価格 \times 数量}{固定資産}$$

3　ROEの要因分析に登場する資産(総資本)回転率　Level 2

上場企業の経営者にとって最も重要な経営指標であるROEの変動要因を把握するために3指標に分解される※。そこに資産(総資本)回転率が登場する。

※ ROEの変動要因を分析するには3指標分解が最もポピュラーであるが、ほかに2指標分解、5指標分解もある(第3章第2節(自己資本利益率(ROE))参照)。

$$ROE = \frac{当期純利益}{自己資本}$$
$$= \frac{当期純利益}{売上} \times \frac{売上}{資産(総資本)} \times \frac{資産(総資本)}{自己資本}$$
$$= 売上高利益率 \times 資産(総資本)回転率 \times 財務レバレッジ$$

また、ROAを2指標に分解した際にも資産(総資本)回転率が登場する。

図表4-6-3　売上債権回転率、在庫回転率、固定資産回転率、資産回転率

	流動資産 　現預金 　受取手形、売掛金 　在庫 　その他	負債 （他人資本）
売上債権回転率 在庫回転率		
固定資産回転率	固定資産	
		純資産（自己資本）
	資産回転率	総資本回転率

$$\mathrm{ROA} = \frac{営業利益等}{資産（総資本）} = \frac{営業利益等}{売上} \times \frac{売上}{資産（総資本）}$$
$$= 売上高営業利益率等 \times 資産（総資本）回転率$$

　資産回転率は売上債権（受取手形、売掛金）回転率、在庫回転率、固定資産回転率を合計したものと考えられる（図表4-6-3）。

　しかし、売上債権（受取手形、売掛金）や在庫は売上と比例関係にあることを想定できるが、固定資産は（短期的には）比例関係にない。したがって両者を合計した資産回転率は売上ときれいな比例関係にはない。資産回転率の変化を詳細に分析したい場合、売上債権、在庫、固定資産に分けて原因を分析する必要がある。

第5章

キャッシュフロー計算書

第1節 直接法からのキャッシュフロー計算書のイメージづくり

1 預金通帳からのキャッシュフロー計算書

　簿記の基礎知識があるのにキャッシュフロー計算書に苦手意識がある人は少なくない。その原因は「間接法からキャッシュフロー計算書の明細を作成する方法」から入門することにあると、筆者は考える。

　ここではキャッシュフロー計算書を直接法の発想から「読むためのキャッシュフロー計算書のイメージ」を確立することから始めたい。

　キャッシュフロー（cash flow）とは預金通帳の入出金欄のことである（図表5－1－1）。したがって入金があると残高が増加するのでプラス（＋）、出金があると残高が減少するのでマイナス（▲）である※。キャッシュフロー計算書（cash flow statement）とは入出金欄を集計したものにほかな

図表5－1－1　キャッシュフローとは入出金のこと

【預金通帳】

日付	摘要	預入れ （入金＋） cash flow	払出し （出金▲）	残高 cash balance
	（繰越）			12,000,000
4月1日	現金仕入れ		3,000,000	9,000,000
4月5日	現金売上	4,500,000		13,500,000
4月7日	車両購入		1,500,000	12,000,000
4月25日	諸経費		1,300,000	10,700,000
4月30日	借入金	2,000,000		12,700,000
	集計	6,500,000	5,800,000	

134　第5章　キャッシュフロー計算書

らない。筆者が翻訳を任されたならば躊躇なく「入出金集計表」としたであろう。

※　預金残高はcash balanceである。貸借対照表は資産・負債の残高（balance）を集計したものだから「Balance Sheet」なのである。

　この預金通帳の記載内容は後々まで利用するので、前提を設けておこう。

　以下は株式会社名義の預金口座で、3月31日に資本金1,200万円で設立され、4月1日から営業を開始したものとする。

```
繰越残高          1,200万円 （預金1,200万円で会社を設立）
04/01  仕入れ    ▲300万円 （現金仕入れの出金）
04/05  売上      ＋450万円 （現金売上の入金）
04/07  車両購入  ▲150万円 （営業用自動車を買った）
04/25  諸経費    ▲130万円 （家賃、人件費等を払った）
04/30  借入れ    ＋200万円 （借金をした）
```

では、最も素朴なかたちで入出金を集計しよう。

4／1の残高（期首残高）	1,200万円
4月の入金	＋650万円
4月の出金	▲580万円
4月中の増減	＋70万円
4／30の残高（期末残高）	1,270万円

　ただ、これでは使えない。売上の入金＋450万円と借入れの入金＋200万円が一緒にされて＋650万円と表示されているが、両者はまったく違うものだ。だから単純に「入金と出金」という2区分で集計しても使えない。

　そこで入出金を次の三つに区分しよう。

借入れをした	04/30	＋200万円	＋200万円
営業用自動車を買った	04/07	▲150万円	▲150万円
その他	04/01 仕入れ 04/05 売上 04/25 諸経費	▲300万円 ＋450万円 ▲130万円	＋20万円

「借入金の入金」に加えて「営業用自動車を買った」を別扱いするのは「営業用自動車の購入」は毎月するものではなく、何年かに一度する大きな買い物、「投資」と位置づけるからである。

「借入れをした」を「財務活動」と、「営業用自動車を買った」を「投資活動」と、「その他」を「営業活動」と命名して書き換えよう。

月初残高			1,200万円
増減	財務活動（借入れをした）		＋200万円
	投資活動（営業用自動車を買った）		▲150万円
	営業活動 （その他）	仕入れ　▲300万円 売上　　＋450万円 諸経費　▲130万円	＋20万円
		小　計	＋70万円
月末残高			1,270万円

あとは各行を並び替えればキャッシュフロー計算書ができあがる。

営業活動（その他） 　　仕入れ　　▲300万円 　　売上　　　＋450万円 　　諸経費　　▲130万円	＋20万円
投資活動（営業用自動車を買った）	▲150万円
財務活動（借入れをした）	＋200万円
増減額	＋70万円
月初残高	1,200万円
月末残高	1,270万円

これを預金通帳の入出金欄をイメージして表示するので、直接法による表示と呼ぶ。

2　簿記学習者が戸惑う「プラスかマイナスか」

簿記を学習した人がキャッシュフロー計算書で戸惑うのは「固定資産を取得したらマイナス」「借入れをしたらプラス」というプラス・マイナスの判断である。「固定資産の取得、資産が増えるからプラスではないか」「借入れをしたら負債が増えるからマイナスでは」と考えがちだ。忘れてならないのは「預金通帳の入金欄に記載されるならプラス、出金欄に記載されるならマイナス」という原則である。固定資産を購入したら出金欄に記載されるからマイナス、借入れをしたら入金があるからプラスなのである。

3　直接法のイメージの効用

この「預金通帳の入出金からキャッシュフロー計算書がつくられる」ことを理解するとキャッシュフロー計算書の下記の性質が理解できるはずである。

- ○　預金通帳は会計基準（日本基準、米国、国際財務報告基準）による違いはないので、キャッシュフロー計算書も違いが少ない。
- ○　預金通帳に影響しない粉飾手法は、キャッシュフロー計算書を粉飾しにくい（預金通帳に影響する粉飾はキャッシュフロー計算書も粉飾できてしまう）。
- ○　預金通帳には減価償却費や引当金は登場しない。したがって減価償却費や引当金の影響を受けない。
- ○　損益計算書の利益や貸借対照表債務超過と違って、預金残高がゼロになったら「確実に倒産する」といえる（黒字倒産や無借金のままの倒産のようにわかりにくくない）。

第2節　キャッシュフロー計算書の読み方

1　キャッシュフロー計算書は家計簿感覚で読める

　キャッシュフロー計算書は預金通帳の入出金を集計しただけのものだから簿記の知識は不要である。家計簿の感覚で読める。

	家計で相当するもの	家計風の解釈
営業活動	給料手取り－生活費	プラス（＋）でなければならない マイナス（▲）が続くと破綻する
投資活動	自動車、自宅等の購入	余裕があれば買う（出金▲） 余裕を失えば売る（入金＋）
財務活動	借金の借入れ・返済	借入れすれば入金なのでプラス（＋） 返済すれば出金なのでマイナス（▲）

　このイメージで以下の数値例を読み解いていけばキャッシュフロー計算書の苦手意識は克服できる※。

※　筆者にいわせれば、そもそもキャッシュフロー計算書は「苦手意識をもたねばならないような難解なもの」ではない。減価償却や引当、損益計算のほうがはるかに複雑である。苦手意識の原因は後述する「間接法でキャッシュフロー計算書を作成する方法」にこだわりすぎるからである。

2　苦しい会社のパターン

　キャッシュフローが苦しいということは、どのようなかたちでキャッシュフロー計算書に表れるだろうか。事例を用いて解説する。

営業活動	▲500
投資活動	+3,000
財務活動	▲2,400
増減	+100
期首残高	900
期末残高	1,000

　この会社が苦しいことは「営業活動」が大きくマイナスであることからわかる。これが一時的なものであれば深刻ではないのだが、これが継続していると破綻は時間の問題である。手元現預金が1,000でも営業活動の▲500が2期続いたら預金残はゼロになってしまう。

　この会社に融資している金融機関は回収を急がねばならない。時間が経過すれば現預金が減る一方だからだ。しかし、返済のための現預金があるはずもない。そこで「店舗や工場を売却」して「借入れの返済」をするように迫る。これが「投資活動がプラス」「財務活動がマイナス」となって表れる。

営業活動	+700
投資活動	▲800
財務活動	▲300
増減	▲400
期首残高	900
期末残高	500

　この会社の営業活動はプラスであり、そこだけ見ても「苦しい会社」と判断することはできない。しかし、投資活動が営業活動を上回っている。最初の解説では「投資活動は何年かに一度」という表現をしたが、正確には「固定資産の取得」に相当するものが投資活動になる。

　生産設備を有する製造業の場合、新たな設備を取得しなくても、既存の生産設備の稼働を維持するための「必要最低限の更新投資」を必要とする。この会社の場合、投資活動の▲800が「必要最低限の更新投資」ならば毎期現預金が100減少する（▲100）ことになる。この営業活動と投資活動の合計をフリーキャッシュフロー（FCF：Free Cash Flow）と呼ぶ。

> フリーキャッシュフロー＝営業活動＋投資活動

　営業活動と同様、フリーキャッシュフローのマイナスが継続するようではいずれ破綻することになる。この状況が将来も続くのであれば、借入返済負担がなくてもフリーキャッシュフローが▲100で手元現預金残が500だから5年で現預金がゼロになる。

3　余裕のある会社のパターン

　キャッシュフローに余裕があるという状況は、どのようなかたちでキャッシュフロー計算書に表れるだろうか。事例を用いて解説する。

営業活動	+1,500
投資活動	▲800
財務活動	▲600
増減	+100
期首残高	900
期末残高	1,000

　この会社は余裕のある会社だ。フリーキャッシュフローが+700であり、借入れの返済がフリーキャッシュフローの範囲内の▲600である。すなわち、借入れを返済しながら毎期100だけ現預金が増加していく。いずれ無借金になると財務活動の返済▲600がなくなるので、現預金の増加が毎期+700と加速することになる。

4　投資の成果が明らかになる

　キャッシュフロー計算書からは投資の成果も読み取ることができる。事例を用いて解説する。

	X1年	X2年	X3年	X4年	X5年
営業活動	+1,000	+1,000	+1,000	+1,100	+1,100
投資活動	▲500	▲500	▲1,500	▲500	▲500
財務活動	▲400	▲400	+600	▲900	▲900
増減	+100	+100	+100	▲300	▲300
期首残高	3,000	3,100	3,200	3,300	3,000
期末残高	3,100	3,200	3,300	3,000	2,700

　キャッシュフロー計算書は単年より5年位の中期でみると「投資とその成果」がよくわかる。フリーキャッシュフローが+500で借入返済▲400を上回っており「余裕のある会社」といえる。

　X3年に通常の設備投資▲500に加えて新規投資▲1,000を実施したことが読み取れる。その際、新規の借入れ+1,000があり、既存の借入返済▲400と差し引いて財務活動が+600になっている。

　X4年には営業活動がそれまでより+100増加して、フリーキャッシュフローが+600に増加した。しかし、X3年に新規借入れ1,000があり、その返済がX4年に始まったようだ。返済額▲900はフリーキャッシュフローを上回っている。その結果、X4年、X5年とも全体として現預金が300減少している（▲300）。

　しかし、心配は不要である。新規借入れ1,000に伴い増えた返済は▲500（▲400から▲900）、X5年で新規借入れ分の返済は終了しているはずである。よってX6年以降の財務活動は▲400に戻り、現預金は毎期100だけ増加する。現預金がゼロになる心配はない。

第3節 キャッシュフロー計算書は損益計算書の弱点を補う

1 損益計算書の弱点

損益計算書の利益計算にはいくつかの弱点がある。

① 【弱点1】借入れに伴う利息の支払いは計上するが、借入元本の返済負担は表示されない。

② 【弱点2】固定資産の取得（投資額）が明示されない。機械や建物などの償却性資産を取得した場合、減価償却費が増加するが、耐用年数で分割されてしまうため、その年いくら設備投資したのか明示されない。土地のような非償却性資産の場合、減価償却費が生じないため取得に要した投資額はいっさい損益計算書に表示されない。

③ 【弱点3】最終的な当期純利益がプラスであろうがマイナスであろうが、倒産のリスクを直接的には表さない（黒字倒産、無借金倒産など）。

上記の損益計算書の弱点をキャッシュフロー計算書は補っている。弱点1は投資活動そのものであるし、弱点2は財務活動である。また、弱点3は「現預金残高がゼロになったら倒産」といえることから補えている。

営業活動	
投資活動	弱点1を補う
財務活動	弱点2を補う
増減	
期首残高	
期末残高	弱点3を補う

2 キャッシュフロー計算書の弱点

キャッシュフロー計算書にも以下の弱点はある。

① 【弱点1】法人税や配当可能利益が計算できない。

法人税や配当可能利益は法定の貸借対照表・損益計算書をベースに計算するよう法律で定められており、キャッシュフロー計算書からこれらを計算することは認められていない。

② 【弱点2】入出金があるまで計上されない。

退職金の支払いのように「いついくら支払う」ということが確定していても実際に入出金が生じるまでキャッシュフロー計算書に計上されることはない※。

※ この欠点を補うために過去の実績のキャッシュフロー計算書を作成するだけでなく中期の予想キャッシュフロー計算書を作成することが重要になる。

第4節 キャッシュフロー関連の財務比率

キャッシュフロー計算書関連の財務指標は「定番」と呼べるものが決まっていない。

キャッシュフロー計算書は安全性に関しては貸借対照表・損益計算書よりも優れた情報、わかりやすい情報を提供できるので、広く普及することを期待したい。

ここではいくつか「中小企業の財務指標」※に採用されていたものを紹介する。

※ 「中小企業の財務指標平成15年版」(https://www.chusho.meti.go.jp/koukai/chousa/zaimu_sihyou/download/H17zaimu_sihyou_gaiyou.pdf)。2005（平成17）年発行、2003（平成15）年1月～12月決算期。この年以後「中小企業実態基本調査」に変更された。

1 キャッシュフロー・インタレスト・カバレッジ・レシオ

キャッシュフロー・インタレスト・カバレッジ・レシオは事業利益を元にしたインタレスト・カバレッジ・レシオのキャッシュフロー版である。

$$\frac{営業キャッシュフロー＋支払利息割引料＋税金}{支払利息割引料}$$

インタレスト・カバレッジ・レシオは下記のとおり。

$$インタレスト・カバレッジ・レシオ = \frac{事業利益}{支払利息割引料}$$

$$= \frac{営業利益＋受取利息・配当}{支払利息割引料}$$

　分子に「支払利息割引料＋税金」が加算されていることを不自然に感じるかもしれないが、営業キャッシュフローにはあらかじめ「受取利息・配当」が加算され、「支払利息割引料＋税金」が減算されている。だから「支払利息割引料＋税金」を加算することで相殺消去し、事業利益に相当するものにしているのである。

2　営業キャッシュフロー対有利子負債比率

　営業キャッシュフロー対有利子負債比率は返済すべき有利子負債と返済原資となる営業キャッシュフローとの比率である。

$$営業キャッシュフロー対有利子負債比率 = \frac{営業キャッシュフロー}{有利子負債}$$

　これにはさまざまなバリエーションが考えられる。分母分子をひっくり返すと「返済にかかる年数」が得られる。

$$\frac{有利子負債}{営業キャッシュフロー}（年）$$

　また、この式では営業キャッシュフロー全体を返済原資と位置づけているが、「必要最低限の更新投資」が大きい製造業の場合、フリーキャッシュフローを採用することもできる。ただし、この場合は「更新投資に必要な財源は新規借入れに頼らない」ことが前提になる。
　「返済すべき有利子負債」を限定する方法も考えられる。手持ちの現預金や売却可能な有価証券を差し引くこと、正常運転資金の範囲にある短期借入金は借換融資を継続できるものとして返済不要とすることなどが考えら

れる。

$$\frac{\text{FCF（営業CF＋投資CF）}}{\text{有利子負債}-(\text{現預金}+\text{有価証券})-\text{正常運転資金}}$$

3　営業キャッシュフロー対投資キャッシュフロー比率

営業キャッシュフロー対投資キャッシュフロー比率は「更新投資を営業キャッシュフローでどれだけまかなえるか」という指標とも、「過去の投資が、どれだけ成果を生み出しているか」という指標とも解釈できる。

$$\frac{\text{営業キャッシュフロー対}}{\text{投資キャッシュフロー比率}}=\frac{\text{営業キャッシュフロー}}{\text{投資キャッシュフロー}}$$

第5節 間接法の原理

Level 2

　ここまで「預金通帳からキャッシュフロー計算書を作成する」という直接法のイメージで解説してきた。しかし、「預金通帳の入出金欄を集計する」ことは時間的コストから実務的ではない。そこで貸借対照表と損益計算書からキャッシュフロー計算書を作成する間接法が採用される。

　この間接法を、法定のキャッシュフロー計算書の様式にあわせて学習しようとすると難解になる。ここでは原理的な話にとどめる。本書の読者に求められているのは「法定のキャッシュフロー計算書を作成する能力」ではなく「読み取る能力」であると想定しているからである。ここでの目標は「どうして減価償却費を足すのか」を理解することとする。

　出発点は前期と当期の貸借対照表である。

前期B/S

現預金（X0）	負債（X0）
その他資産（X0）	純資産（X0）

当期B/S

現預金（X1）	負債（X1）
その他資産（X1）	純資産（X1）

　各々、資産＝負債＋純資産が成立する。
　　現預金（X1）＋その他資産（X1）＝負債（X1）＋純資産（X1）…①
　　現預金（X0）＋その他資産（X0）＝負債（X0）＋純資産（X0）…②
　①から②を引くと、各項でX1－X0になり、前期からの増加（減少はマイナス、▲表示）でも次式が成立する。

> 現預金増加＋その他資産増加＝負債増加＋純資産増加

　キャッシュフロー計算書は現預金増加額の明細を表示したものだから、以

下のことがいえる。

> 現預金増加＝負債増加＋純資産増加－その他資産増加

　キャッシュフロー計算書をいきなり間接法から学習を始めると必ず直面するのが次のような疑問であろう。
- 引当金（負債）の増加がどうして現預金の増加になるのか
- 売掛金（資産）の増加がどうして現預金の減少になるのか

これら疑問について、勘定科目ごとにさまざまな説明がなされているだろうが、つまるところ貸借対照表の「資産＝負債＋純資産」から導かれるのである。

　損益計算書は「純資産増加」の要因として登場する。税引後の当期純利益だけ純資産は増加し、配当を実施した場合には減少する※。

※　その他、増資や自己株式の取得、その他包括利益の計上等、純資産の内訳に関連するもので純資産は増減する。

> 現預金増加＝負債増加＋（当期純利益－配当）－その他資産増加

　この式を「キャッシュフロー計算書の様式」に当てはめよう。要は上式の右辺を営業活動、投資活動、財務活動に分類すれば完成する。

```
　　　　　営業活動
　　　　　投資活動
　　　　　財務活動
　　　　　現預金増減額
```

　営業活動が「最も面倒な部分」である。だから後回しにするのが賢明だ。把握しやすいのは財務活動と投資活動である。それ以外が営業活動になると割り切っていくと楽になる。
　三つの活動に分類するために貸借対照表の資産を「現預金、固定資産、その他の資産」に、負債を「有利子負債、その他負債」に分類しよう。

現預金 その他資産 固定資産（投資活動）	その他負債 有利子負債（財務活動） 純資産

上記の各科目の増減を並び替えたものがキャッシュフロー計算書である。

貸借対照表	キャッシュフロー計算	
－その他資産増加 －固定資産増加	＋（当期純利益－配当） －その他資産増加 ＋その他負債増加	営業活動
＋その他負債増加 ＋有利子負債増加	－固定資産増加	投資活動
＋（当期純利益－配当）	＋有利子負債増加	財務活動
＝現預金増加	＝現預金増減額	

いよいよパズルの最後のピースの登場である。それは、貸借対照表の「固定資産の増加」はそのまま投資金額を意味するわけではないことである。貸借対照表に表示される固定資産の期首から期末にかけての増減要因は以下のようになる。

$$\boxed{固定資産期首残高} + \boxed{当期固定資産購入} - \boxed{減価償却費} = \boxed{固定資産期末残高}$$

キャッシュフロー計算書に投資活動として表示したいのは「当期固定資産購入（出金▲）」である。

$$\boxed{当期固定資産購入} = \boxed{固定資産期末残高} - \boxed{固定資産期首残高} + \boxed{減価償却費}$$

> 当期固定資産購入＝固定資産増加＋減価償却費

したがって、投資活動による出金額には、固定資産増加に減価償却費を加

算しなければならない。

　投資活動の出金が増えるということは、どこかの入金を増やさないと全体の現預金増加が変わってしまう。財務活動は貸借対照表から確定的だから、増やすとしたら残りの営業活動だけである。

営業活動	＋（当期純利益－配当） －その他資産増加 ＋その他負債増加	＋減価償却費	＋当期純利益 ＋減価償却費 －配当 －その他資産増加 ＋その他負債増加
投資活動	－固定資産増加	－減価償却費	－固定資産増加 －減価償却費
財務活動	＋有利子負債増加		＋有利子負債増加
	＝現預金増減額		＝現預金増減額

　ここで「当期純利益＋減価償却費」が登場する。ここでよくある勘違いは「だから減価償却費は多いほうがよい」というものである[※]。この操作は減価償却費を足しているのではなく、当期純利益を計算する過程で差し引いている減価償却費を取り消しているにすぎない。

※　「他社比較で当期純利益が同じなら減価償却費が多いほうが営業活動のキャッシュフローは多くなる」という趣旨なら正しい。

　当期純利益＝売上－諸経費－減価償却費－法人税等
　当期純利益＋減価償却費
　　＝（売上－諸経費－減価償却費－法人税等）＋減価償却費
　　＝売上－諸経費－法人税等

　なぜ減価償却費を消去するのかといえば諸経費のなかで「出金を伴わない」からである[※]。

※　減価償却費のほかに各種引当金繰入額も「出金を伴わない」。引当金繰入額も「その他負債の増減」のなかにある「引当金増加額」を加算することで消去している。

だから決算において減価償却費を増やしたところで「当期純利益＋減価償却費」は増えない。事例で説明しよう。

> 当期純利益400
> 　＝売上2,000－諸経費1,100－減価償却費200－法人税等100

この状態では当期純利益400＋減価償却費200である。ここから減価償却費を100増加させよう。

> 当期純利益300
> 　＝売上2,000－諸経費1,100－減価償却費300－法人税等100※
>
> ※　あらかじめ法定限度額まで償却費を計上している場合を想定している。それを超えて償却費を計上することは会計上ありうるが、そうしても法人税に影響しないので当期純利益に影響しない。また、法人税に影響がある場合も、法人税が支払われるのは翌期になるので当期の営業活動キャッシュフローには影響しない。

当期純利益が100減少するので「当期純利益300＋減価償却費300＝600」のままである。つまり減価償却費が増えた分だけ当期純利益が減少することになる。

第6節 「キャッシュフロー＝当期純利益＋減価償却費」としてよい場合

1 間接法からの営業活動キャッシュフローの推定

間接法では「営業活動によるキャッシュフロー」は以下のように表される。

> 当期純利益＋減価償却費－配当－その他資産増加＋その他負債増加

これに誤差はない（図表5－6－1）。

「キャッシュフロー＝当期純利益＋減価償却費」という式は、上記の「－配当－その他資産増加＋その他負債増加」がゼロの場合だけである。これを「その他の資産増加」がゼロでない場合に適用すると誤った判断をすることになる。

図表5－6－1　間接法によるキャッシュフロー計算書

営業活動	＋当期純利益
	＋減価償却費
	－配当
	－その他資産増加
	＋その他負債増加
投資活動	－固定資産増加
	－減価償却費
財務活動	＋有利子負債増加
	＝現預金増減額

2 「営業活動キャッシュフロー＝当期純利益＋減価償却費」が成立しない実例

第2章第2節5で解説したアーバンコーポレイションの主要財務数値（単位：百万円）を掲載する。

同社は2008年に民事再生手続開始を申し立て、上場廃止に至った。その直前の5期で売上は約5倍、当期純利益は10倍以上の業績を残している。しかし、その間「営業活動によるキャッシュフロー」のマイナスが急激に拡大しており、「財務活動によるキャッシュフロー」により資金不足を補っていた。

	第14期 2004	第15期 2005	第16期 2006	第17期 2007	第18期 2008
売上	51,363	57,033	64,349	180,543	243,685
当期純利益	2,670	6,455	7,868	30,039	31,127
純資産	16,685	35,455	66,638	103,111	131,517
総資産	66,598	120,550	202,990	443,304	602,566
営業活動	▲251	▲24,995	▲32,991	▲55,033	▲100,019
投資活動	▲1,203	▲6,603	1,078	▲9,063	▲11,100
財務活動	▲2,693	40,233	43,043	83,210	89,212

この事例において「キャッシュフロー＝当期純利益＋減価償却費」による営業活動キャッシュフローの推定はうまくいかない。当期純利益は順調に拡大しているのだからここに減価償却費を加算したらキャッシュフローはさらに大きくなる。しかし、営業活動キャッシュフローはマイナスを拡大し続けている。原因は棚卸資産が急増しており、仕入れ（販売用不動産）を先行させすぎたことによる資金ショートが生じた例である。

第7節　キャッシュフロー計算書を電卓だけで作成する方法

なぜ「キャッシュフロー＝当期純利益＋減価償却費」という簡便法が普及したのかといえば「キャッシュフロー計算書を作成するのは大変」と勘違いされているからである。大企業の場合、連結ベースのキャッシュフロー計算書の開示が義務づけられているからそれを利用すればよい。ここでは中小企業の貸借対照表・損益計算書からキャッシュフロー計算書を簡便に計算する方法を紹介する。

ただし、この方法には「会計基準に準拠しない正しくない点」が二つある。一つは、会計基準ではキャッシュフロー計算書の「現金及び現金同等物」と貸借対照表の現預金残高とが一致するとは限らないことである。ここではあえて貸借対照表の現預金残高が「現金及び現金同等物」と一致するものとする。もう一つは、会計基準では「受取手形の割引」は「営業活動の入金」として集計するのに対し、ここでは「財務活動の入金」として集計することである。

詳細は後述するが、あえて会計基準に準拠しない理由は「会計基準が中小企業の実務と乖離しているから」である。

なお、中小企業を担当する税理士は、法人税申告書と同時に「会計基準に準拠したキャッシュフロー計算書」を作成・提供する。大手の申告書作成ソフトが作成機能を有しているからである。

この方法を事例を用いて説明する。事例ではキャッシュフロー計算書を作成するのに必要な金額だけ表示した。作成のポイントは「下から埋めていく」ことである。

貸借対照表

	第X0期	第X1期		第X0期	第X1期
現預金	10,116	10,868	…	…	…
…	…	…	短期借入金	2,000	29,000
…	…	…	長期借入金	88,853	53,345
…	…	…	負債	…	…
固定資産	77,830	78,994	純資産	…	…
資産	…	…			
手形割引高	28,058	36,212			

損益計算書（第X1期）から

販管費　減価償却費	1,221
製造原価　減価償却費	9,845
減価償却費計	11,066

1　【STEP 1】　現預金増加額の算出

　X0期、X1期の貸借対照表から現預金残を入れ、増減額を計算する。

	第X1期
営業活動 投資活動 財務活動	
現預金増加額 期首現預金	752 10,116
期末現預金	10,868

2　【STEP 2】　借入金増減額の算出

　X0期、X1期の貸借対照表から借入金の増減額を計算する。

第7節　キャッシュフロー計算書を電卓だけで作成する方法

	第X0期	第X1期
短期借入金	2,000	29,000
長期借入金	88,853	53,345
受取手形割引高	28,058	36,212
借入金合計	118,911	118,557
増減高		▲354

算出された額を財務活動の欄に記入する。

	第X1期
営業活動	
投資活動	
財務活動	▲354
現預金増加額	752
期首現預金	10,116
期末現預金	10,868

この段階でフリーキャッシュフロー（営業活動＋投資活動）が把握できる。

> 営業活動＋投資活動＋財務活動▲354＝現預金増減高752
> ∴営業活動＋投資活動＝1,106

3 【STEP 3】 固定資産購入額の算出

X0期、X1期の貸借対照表、X1期の損益計算書から借入金の増減額を計算する。

計算の結果、X1期購入額が12,230であることがわかる。これを「投資活動」の欄に入力する。

	第X1期
営業活動 投資活動 財務活動	▲12,230 ▲354
現預金増加額 期首現預金	752 10,116
期末現預金	10,868

4 【STEP 4】営業活動キャッシュフローの算出

差引きの結果として得られた額を営業活動の欄に入力する。

	第X1期
営業活動 投資活動 財務活動	13,336 ▲12,230 ▲354
現預金増加額 期首現預金	752 10,116
期末現預金	10,868

5 【補足】売却損益、廃棄損等がある場合の投資活動

減価償却費以外に固定資産の売却損益や廃棄損、特別償却、減損等の固定資産に関連する損益が計上されている場合でも、売却損益、廃棄損等を減価償却費として扱えば前記と同様に「投資活動のキャッシュフロー」を求めることができる。このことを以下に数値例で解説する。

(1) 廃棄があった場合

取得価額100万円、前期末の減価償却累計額90万円、期首固定資産残高10万円のパソコンを期末に廃棄した場合を考える。以下のいずれの計上方法でも固定資産が10万円減少することに変わりはない。

① 【方法1】当期中に減価償却費を10万円計上した後、廃棄した場合、パソコンの簿価は0円になるので廃棄損は0円になる。

減価償却費	10万円
廃棄損	0円
合計	10万円

② 【方法2】当期の減価償却費を計上せず廃棄した場合、簿価10万円のパソコンを廃棄したことになるので廃棄損は10万円になる。

減価償却費	0円
廃棄損	10万円
合計	10万円

③ 【方法3】当期の減価償却費を6万円計上して廃棄した場合、簿価4万円のパソコンを廃棄したことになるので廃棄損は4万円になる。

減価償却費	6万円
廃棄損	4万円
合計	10万円

当期に取得とパソコンの廃棄との双方があった場合の投資活動の間接法による推定は以下のようになる。

前期B/S 固定資産	増加	減少（当期P/L）		当期B/S 固定資産
	当期取得	減価償却費	廃棄損	
500万円	180万円	パソコン以外 35万円	0円	635万円
		パソコン どの方法でも合計10万円		

前期固定資産500万円＋当期取得－（減価償却費＋廃棄損）45万円
　　＝当期固定資産635万円
　∴当期取得＝180万円（投資活動▲180万円）

(2) 売却があった場合

取得価額100万円、前期末の減価償却累計額90万円、期首固定資産残高10万円のパソコンを期末に3万円で売却した場合を考える。

以下のいずれの計上方法でも、固定資産が10万円減少することに変わりはない。

① 【方法1】当期中に減価償却費を10万円計上した後、3万円で売却した場合、パソコンの簿価は0円になるので売却益は3万円になる。

減価償却費	10万円
売却益	▲3万円
合計	7万円

固定資産の減少額
＝減価償却費10万円＋売却益▲3万円＋売却代金3万円＝10万円

② 【方法2】当期の減価償却費を計上せず3万円で売却した場合、簿価10万円のパソコンを3万円で売却したことになるので売却損は7万円になる。

減価償却費	0円
売却損	7万円
合計	7万円

固定資産の減少額
＝減価償却費0円＋売却損7万円＋売却代金3万円＝10万円

③ 【方法3】当期の減価償却費を6万円計上した後、3万円で売却した場合、簿価4万円のパソコンを3万円で売却したことになるので売却損は1万円になる。

減価償却費	6万円
売却損	1万円
合計	7万円

> 固定資産の減少額
> ＝減価償却費 6 万円＋売却損 1 万円＋売却代金 3 万円＝10万円

　当期に取得とパソコンの廃棄との双方があった場合の投資活動の間接法による推定は以下のようになる。

前期B/S 固定資産	増加	減少			当期B/S 固定資産
	当期取得	減価償却費 （当期P/L）	売却損益 （当期P/L）	売却代金	
500万円	180万円	パソコン以外 35万円	0円		635万円
		パソコン どの方法でも合計 7 万円		3万円	

> 前期固定資産500万円
> 　＋ 当期取得 －（減価償却費＋売却損益）42万円－ 売却代金
> 　＝当期固定資産635万円
> 　∴ 当期取得 － 売却代金 ＝177万円（投資活動▲177万円）

第8節　会計基準の奇怪なところ

Level 2

　第7節で解説したキャッシュフロー計算書の作成方法は二つの点で会計基準に反している。

1　【違反1】3カ月を越える定期預金を現預金に含めていること

　第7節1（STEP 1）では、貸借対照表に計上されている現預金全額をキャッシュフロー計算書の最下行に記入しているが、正しくは「3カ月を超える定期預金」は除外しなければならない。会計基準が除外する理由は「支払いに利用できないから」である。では「3カ月を超える定期預金」は何とみなされるか。それは株式と同じ「投資」である。

　普通預金・当座預金の一部を1年定期にすると「投資活動の出金」として記載される。逆に定期預金が満期を迎え、更新せず普通預金とした場合、「投資活動の入金」として記載される。

　中小企業経営者の感覚からいえば「わざわざわかりにくくする必要があるのか」といったところであろう。

2　【違反2】受取手形の割引を借入れに含めていること

　会計基準では、手形の割引は借入れではなく「売掛金の入金と同じ」ものとされ、営業活動の入金として記載される。

　こちらは深刻な問題である。受取手形の割引は「資金繰りに不安があり、手形期日まで待てない」などの場合に行われる。にもかかわらず、会計基準によれば、割引した分だけ営業活動が増加してしまうのである。

	割引前	割引	割引後
営業活動	500	+1,000	1,500
投資活動	▲600		▲600
財務活動	▲300		▲300
増加額	▲400	+1,000	+600
期首現預金	1,000		1,000
期末現預金	600	+1,000	1,600

　割引後のキャッシュフロー計算書をみた経営者（もしくは金融機関）は「良好な資金状況」だと錯覚してしまう。

　何よりも金融機関は手形割引も旧会計基準どおり「受取手形を担保にした融資」として、長短借入金と合計してその企業に対する総融資額を把握しているはずである。

　ゆえに、第7節2（STEP 2）では手形割引高も借入れとして扱っている。

	割引前	割引	割引後
営業活動	500		500
投資活動	▲600		▲600
財務活動	▲300	+1,000	+700
増加額	▲400	+1,000	+600
期首現預金	1,000		1,000
期末現預金	600	+1,000	1,600

　このようにすれば「営業活動」が不十分で、それを補うために「財務活動」がプラス、すなわち借入れで補ったことが把握できる。

　第7節の方法をそのまま採用するかは読者の判断に委ねるとして、会計基準どおりに作成されたキャッシュフロー計算書を読み誤らないようにするためにも上記2点には留意が必要である。

第 9 節　キャッシュフロー計算書は古典的粉飾に強い

1　キャッシュフロー計算書と古典的粉飾

間接法による「営業活動によるキャッシュフロー」は以下のように計算される。

> 当期純利益＋減価償却費－配当－その他資産増加＋その他負債増加

このため、架空売上や在庫の水増しで当期純利益が過大に表示されると営業活動も過大に表示されるのではないかと勘違いされる。

①減価償却費の過少計上、②在庫の過大計上、③架空売上という古典的な粉飾により損益計算書の利益は過大計上されるが、キャッシュフロー計算書は影響を受けない（変わらない）。本章第7節の方法を用いれば簡単に理解できる（図表5－9－1）。

本節を通じて、このことを、事例を用いて解説する。まず、粉飾される前の「正しい決算書」を提示する。この状況では損益計算書の当期純利益が

図表5－9－1　粉飾後の間接法

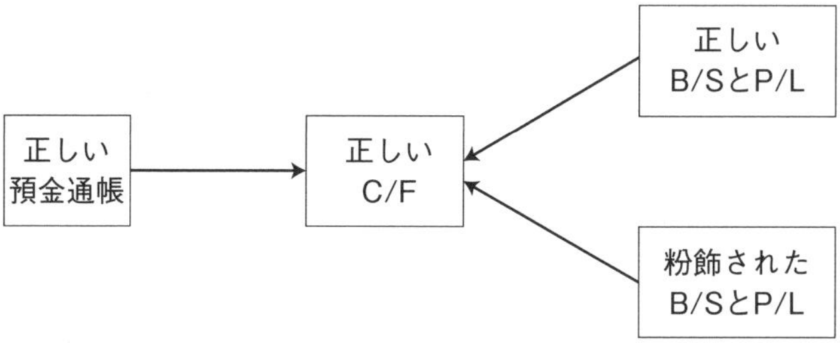

正しい預金通帳 → 正しいC/F ← 正しいB/SとP/L
　　　　　　　　　　　　　　 ← 粉飾されたB/SとP/L

▲50である。これをプラスに変えたい。

貸借対照表（前期末）

流動資産		負債	
現預金	1,200	長期借入金	550
		純資産	
固定資産	350	資本金	1,000

貸借対照表

現預金	1,270	短期借入金	200
		長期借入金	550
固定資産	450		
		純資産	
		資本金	1,000
		剰余金	▲30

損益計算書

売上		450
売上原価		300
売上総利益		150
販売・管理費		
諸経費	130	
減価償却費	50	180
当期利益		▲30

　貸借対照表・損益計算書に基づいて間接法からキャッシュフロー計算書を作成すると以下のようになる。

営業活動	+20	⑥＝③－（④＋⑤）
投資活動	▲150	⑤当期取得＝期末450－期首350＋減価償却費50
財務活動	+200	④長短借入金増加額＝（200＋550）－550
増減	+70	③＝①－②
期首残高	1,200	②前期貸借対照表から
期末残高	1,270	①当期貸借対照表から

　フリーキャッシュフロー（営業活動＋投資活動）がマイナスになって資金面でも良好な状況ではないことがわかる。

2　【古典的粉飾１】減価償却費の過少計上

　古典的粉飾方法の一つに、減価償却費を過少計上する方法[※]があげられる。

　この方法がとられた場合、キャッシュフロー計算書がどのように変化する

だろうか。

本来減価償却費として50を計上しなければならないところ、40削減して10だけ計上しよう。これにより損益計算書は赤字（損失状態）から黒字（利益状態）に変わる。

※ 法人税法上、減価償却費の計上は限度額（上限）までなら任意と規定されているため、粉飾ではないと勘違いされる。税務当局が問題視するのは税金の過少申告である。粉飾、すなわち利益の過大計上は税金の過大申告になるため税務当局が問題視しないだけである。しかし、減価償却費の過少計上は、大企業は当然として、中小企業も「中小企業の会計に関する指針」にあるように粉飾である（同指針の34．（固定資産の減価償却）の(1)（減価償却の方法）に「有形固定資産の減価償却の方法は、定率法、定額法その他の方法に従い、耐用年数にわたり毎期継続して適用し、みだりに変更してはならない」との記載がある）。粉飾された決算書を金融機関に提出して融資を受けた場合、不法行為となりうる。

貸借対照表			
現預金	1,270	短期借入金	200
		長期借入金	550
固定資産	490	未払法人税等	3
		純資産	
		資本金	1,000
		剰余金	7

損益計算書		
売上		450
売上原価		300
売上総利益		150
販売・管理費		
諸経費	130	
減価償却費	10	140
当期利益		+10
法人税等		▲3
当期純利益		+7

減価償却費を40減らしたのだから期末の固定資産残価は40増える。

固定資産
　　粉飾前　期首350＋当期取得150－減価償却費50＝期末450
　　粉飾後　期首350＋当期取得150－減価償却費10＝期末490

税引前利益がプラスになったため法人税が発生する。しかし、支払いは翌期になるため未払法人税が計上される。

では、粉飾された決算書からキャッシュフロー計算書を作成しよう。

キャッシュフロー計算書は「下から」作成する。作成の手順は本章第7節を参照されたい。現預金および借入金に粉飾の影響はないから全体の「増減」、および財務活動に変化はない。

問題は投資活動である。減価償却費と固定資産の期末残高が変化する。それに基づいて当期の固定資産の取得（出金）を推定しよう。

固定資産の取得の推定

粉飾前　期末440 − 期首350 + 減価償却費50 ＝ 当期取得150

粉飾後　期末410 − 期首350 + 減価償却費10 ＝ 当期取得150

減価償却費の過少計上でも当期取得は変化しない。よって投資活動は変化しない。その結果、残る営業活動も変化しない。

営業活動	+20	⑥＝③−（④+⑤）
投資活動	▲150	⑤当期取得＝期末490−期首350＋減価償却費10
財務活動	+200	④長短借入金増加額＝（200+550）−550
増減	+70	③＝①−②
期首残高	1,200	②開始貸借対照表から
期末残高	1,270	①当期貸借対照表から

念のため間接法による営業活動の明細を示しておこう。

	粉飾前	粉飾後
当期純利益	▲30	+7
+減価償却費	+50	+10
+未払法人税の増加	0	+3
営業活動	+20	+20

直観的には「減価償却費を操作しても預金通帳に変化はない」からキャッシュフロー計算書が変化するはずがないと考えてほしい。

3 【古典的粉飾2】在庫の過大計上

　古典的粉飾には、在庫を過大計上する方法もあげられる。

　この方法がとられた場合、キャッシュフロー計算書がどのように変化するだろうか。

　本当は会社に在庫はないのだが、期末在庫が40あることにする。すると損益計算書の売上原価が40減少し、売上総利益も40増加し、当期純損失が解消される。

<table>
<tr><th colspan="4">貸借対照表</th></tr>
<tr><td>現預金</td><td>1,270</td><td>短期借入金</td><td>200</td></tr>
<tr><td>在庫</td><td>40</td><td>長期借入金</td><td>550</td></tr>
<tr><td></td><td></td><td>未払法人税等</td><td>3</td></tr>
<tr><td>固定資産</td><td>450</td><td>純資産</td><td></td></tr>
<tr><td></td><td></td><td>資本金</td><td>1,000</td></tr>
<tr><td></td><td></td><td>剰余金</td><td>7</td></tr>
</table>

<table>
<tr><th colspan="3">損益計算書</th></tr>
<tr><td>売上</td><td></td><td>450</td></tr>
<tr><td>売上原価</td><td></td><td>260</td></tr>
<tr><td>売上総利益</td><td></td><td>190</td></tr>
<tr><td>販売・管理費</td><td></td><td></td></tr>
<tr><td>諸経費</td><td>130</td><td></td></tr>
<tr><td>減価償却費</td><td>50</td><td>180</td></tr>
<tr><td>当期利益</td><td></td><td>+10</td></tr>
<tr><td>法人税等</td><td></td><td>▲3</td></tr>
<tr><td>当期純利益</td><td></td><td>+7</td></tr>
</table>

　では、粉飾された決算書からキャッシュフロー計算書を「下から」作成しよう（本章第7節参照）。現預金、借入金、固定資産に粉飾の影響はないから全体の「増減」、財務活動および投資活動に変化はない。すると、ここまでの推論で「営業活動も変わらない」ことになる。

営業活動	+20	⑥=③−（④+⑤）
投資活動	▲150	⑤当期取得＝期末450−期首350＋減価償却費50
財務活動	+200	④長短借入金増加額＝（200＋550）−550
増減	+70	③=①−②
期首残高	1,200	②開始貸借対照表から
期末残高	1,270	①当期貸借対照表から

　間接法による営業活動の明細を示しておこう。

	粉飾前	粉飾後
当期純利益	▲30	+7
+減価償却費	+50	+50
+未払法人税の増加	0	+3
−在庫の増加	0	▲40
営業活動	+20	+20

　直接法の発想では「期末在庫を操作しても預金通帳に変化はない」からキャッシュフロー計算書は変化しないことになる。

4　【古典的粉飾3】架空売上の計上

　古典的粉飾には架空売上を計上するという方法もある。

　この方法がとられた場合、キャッシュフロー計算書がどのように変化するだろうか。

　減価償却を過少計上しても、在庫を水増ししても、（利益は増えるが）「営業活動」は増えない。そこで直接的に「営業活動」を増やそうと架空売上として40を計上しよう。売上は架空だから入金はなく、貸借対照表に架空の売掛金40が計上されることになる。

貸借対照表

現預金	1,270	短期借入金	200
売掛金	40	長期借入金	550
		未払法人税	3
固定資産	450	純資産	
		資本金	1,000
		剰余金	7

損益計算書

売上		490
売上原価		300
売上総利益		190
販売・管理費		
諸経費	130	
減価償却費	50	180
当期利益		+10
法人税等		▲3
当期純利益		+7

　では、粉飾された決算書からキャッシュフロー計算書を「下から」作成し

よう（本章第7節参照）。現預金、借入金、固定資産に粉飾の影響はないから全体の「増減」、財務活動および投資活動に変化はない。するとここまでの推論で「営業活動も変わらない」ことになる。

営業活動	+20	⑥＝③－（④＋⑤）
投資活動	▲150	⑤当期取得＝期末450－期首350＋減価償却費50
財務活動	+200	④長短借入金増加額＝（200＋550）－550
増減	+70	③＝①－②
期首残高	1,200	②開始貸借対照表から
期末残高	1,270	①当期貸借対照表から

間接法による営業活動の明細は以下のとおりである。

	粉飾前	粉飾後
当期純利益	▲30	+7
＋減価償却費	+50	+50
＋未払法人税の増加	0	+3
－売掛金の増加	0	▲40
営業活動	+20	+20

　直接法の発想では「架空売上を計上しても預金通帳に変化はない」から、キャッシュフロー計算書は変化しないことになる。

第10節 キャッシュフロー計算書も粉飾できる

1 キャッシュフロー計算書粉飾の原理

「キャッシュフロー計算書を間接法で作成する方法」で解説したように「現預金残高」「借入金残高」さえ正しければ、フリーキャッシュフロー（営業活動と投資活動との合計）も正しくなる。逆にいえば「現預金残高」「借入金残高」が改ざんされていたらキャッシュフロー計算書も粉飾されてしまう。預金残高については預金通帳、金融機関が発行する残高証明書のいずれかと照合すればよい。現金は期末に実査しないと検証は無理である。現金残高が不自然に大きい場合には要注意である。

借入金については残高証明書と照合するだけでは不十分である。「粉飾の原理」で解説するように負債については「計上されていないもの」の存在を検証しなければならないからである。これを発見するのはむずかしい。

2 【粉飾方法１】架空売上計上・売掛金を固定資産に振替え

粉飾方法の一つとして、架空売上を計上し、それに伴う売掛金を固定資産に振り替える方法が考えられる。

第９節で用いた事例で説明する。第９節の事例では架空売上40と架空の売掛金40を計上した。「通常の粉飾仕訳」である。

架空売掛金　　40//架空売上　　40

この売掛金を固定資産にしてしまおう。次のような「複雑な粉飾仕訳」にすればよい。

```
架空売掛金    40//架空売上    40
架空固定資産  40//架空売掛金  40
```

上記仕訳をまとめると次のようになる。

```
架空固定資産  40//架空売上   40
```

貸借対照表

現預金	1,270	短期借入金	200
		長期借入金	550
		未払法人税	3
固定資産	490	純資産	
		資本金	1,000
		剰余金	7

損益計算書

売上		490
売上原価		300
売上総利益		190
販売・管理費		
諸経費	130	
減価償却費	50	180
当期利益		+10
法人税等		▲3
当期純利益		+7

ここからキャッシュフロー計算書を作成しよう。

営業活動	+60	⑥=③−(④+⑤)
投資活動	▲190	⑤当期取得＝期末490−期首350＋減価償却費50
財務活動	+200	④長短借入金増加額＝(200+550)−550
増減	+70	③=①−②
期首残高	1,200	②開始貸借対照表から
期末残高	1,270	①当期貸借対照表から

粉飾前と粉飾後とを比較しよう。

	粉飾前	粉飾後
営業活動	＋20	＋60
投資活動	▲150	▲190
財務活動	＋200	＋200
増減	＋70	＋70
期首残高	1,200	1,200
期末残高	1,270	1,270

　現預金増加額および財務活動に変化がないので営業活動および投資活動を加算したフリーキャッシュフローは変わらないものの、営業活動の入金が40増加し、投資活動の出金が40増加している。

　架空売上を計上しても「預金通帳は変わらない」はずなのにキャッシュフロー計算書が変わってしまっている。それは、通帳に売上代金の入金40と固定資産購入の出金40とを書き加えたのと同じだからだ。この2行を書き加えても預金残高には影響しない。

日付	摘要	預入れ	払出し	残高
架空	売上		400,000	
架空	固定資産購入	400,000		

3　【粉飾方法2】社長個人の借入金を売上として会社口座に入金

　別の粉飾方法として、社長個人の借入金を売上として会社口座に入金する方法が考えられる。

　キャッシュフロー計算書は預金通帳から作成される。したがって預金通帳を改ざんしてしまえば粉飾できることになる。改ざんといっても預金通帳の記録を偽造するのではない。

　社長が個人として消費者金融等から借り入れて、その現金を会社口座に移す。この場合、会社は「社長からの借入れ」として記帳すべきところを「現金売上」とすることで粉飾できる。

　前期から当期にかけて「社長借入れ」を除いた長期借入金は550のままで変化がなく、当期の「社長借入れ」が40増加したとしよう。

　正しい仕訳は以下のようになる。

現預金　40//社長借入れ　40

　これに基づく「正しい貸借対照表、損益計算書、キャッシュフロー計算書」が以下のようであったとする。

貸借対照表（前期末）

流動資産		負債	
現預金	1,200	長期借入金	550
		純資産	
固定資産	350	資本金	1,000

貸借対照表

現預金	1,310	短期借入金	200
		長期借入金	550
固定資産	450	社長借入れ	40
		純資産	
		資本金	1,000
		剰余金	▲30

損益計算書

売上		450
売上原価		300
売上総利益		150
販売・管理費		
諸経費	130	
減価償却費	50	180
当期利益		▲30

営業活動	+20	⑥＝③－（④＋⑤）
投資活動	▲150	⑤当期取得＝期末450－期首350＋減価償却費50
財務活動	+240	④長短借入金増加額＝（200＋550＋40）－550
増減	+110	③＝①－②
期首残高	1,200	②前期貸借対照表から
期末残高	1,310	①当期貸借対照表から

第10節　キャッシュフロー計算書も粉飾できる　173

「社長借入れによる入金40」を「現金売上による入金40」と粉飾しよう。「正しい仕訳」は次のようになる。

$$現預金\quad 40\ //\ 社長借入れ\quad 40$$

これを「粉飾仕訳」にすると次のようになる。

$$現預金\quad 40\ //\ 売上\quad\quad 40$$

この仕訳により「負債（社長借入れ）40の過少計上」「売上40の過大計上」が発生する。この粉飾仕訳を発見するのは簡単ではない。実際に「40の入金」があり「入金が売上ではなく借入金」であることを示さねばならないからである。

粉飾仕訳に基づく「粉飾された貸借対照表、損益計算書、キャッシュフロー計算書」は次のようになる。

貸借対照表

現預金	1,310	短期借入金	200
		長期借入金	550
		未払法人税	3
固定資産	450	純資産	
		資本金	1,000
		剰余金	7

社長借入れ40がない

損益計算書

売上		490
売上原価		300
売上総利益		190
販売・管理費		
諸経費	130	
減価償却費	50	180
当期利益		+10
法人税等		▲3
当期純利益		+7

営業活動	+60	⑥=③−(④+⑤)
投資活動	▲150	⑤当期取得＝期末450−期首350＋減価償却費50
財務活動	+200	④長短借入金増加額＝(200＋550)−550
増減	+110	③=①−②
期首残高	1,200	②開始貸借対照表から
期末残高	1,310	①当期貸借対照表から

粉飾前と粉飾後とを比較しよう。

	粉飾前	粉飾後
営業活動	+20	+60
投資活動	▲150	▲150
財務活動	+240	+200
増減	+110	+110
期首残高	1,200	1,200
期末残高	1,310	1,310

このように社長借入れを売上（雑収入等）で計上されるとキャッシュフロー計算書も粉飾されてしまう。

第6章
生産性分析

第1節 総付加価値分析

1 総付加価値の意義

> 総付加価値＝付加価値＋減価償却費
> 日銀方式の総付加価値※
> ＝経常利益＋金融費用＋人件費＋減価償却費＋貸借料＋租税公課
>
> ※ いくつかのバリエーションがある。
> 　中小企業庁方式：売上高－（材料費＋購入部品費＋運送費＋外注加工費等）
> 　厚生労働省は、企業が生産性を向上させた場合の助成金の割増措置に行う場合は以下の算式を用いる。
> 　　・営業利益＋人件費＋減価償却費＋動産・不動産貸借料＋租税公課

　日本の景気を表す代表的な指標であるGDP（国内総生産）は、総付加価値の合計である。中小企業はとかく利益でその軽重が測られがちであるが、世の中への貢献度、真の存在価値は総付加価値が表す。企業が存在しなくなると日本のGDPから失われるのは利益ではなく総付加価値額である。
　企業分析においても総付加価値は利益よりも企業実態を反映するものであり、企業再生の場面でも判断基準となりうる。

2 中小企業における総付加価値分析の実際

　下記の事例で中小企業における総付加価値分析の有効性を説明する。

(単位:千円)

	第6期	第7期		第6期	第7期
流動資産	112,075	93,473	負債	162,897	143,190
			…		
			短期借入金	15,685	2,000
固定資産	78,404	77,830	長期借入金	81,238	88,853
			純資産	27,582	28,113
合計	190,479	171,303	合計	190,479	171,303

	第6期	第7期
売上	264,441	265,381
当期純利益	422	530

(単位:%)

		第6期	第7期
安全性	流動比率	137	172
	当座比率	80	99
	自己資本比率	14	16
収益性	売上高経常利益率	0.4	0.4
	ROA（資産営業利益率）	5.3	5.0
	ROE（自己資本当期利益率）	1.5	1.9

　貸借対照表・損益計算書（抜粋）および代表的な財務比率をみて、この企業を「重要な存在だ」と感じるだろうか。売上は中小企業として相応だが利益が100万円未満と「ないも同然」で、有利子負債が9,000万円以上あることから「重要だ」とは感じられないだろう。

　また、第6期から第7期にかけて売上・利益も横ばいで各種比率にも大きな変化があったことは示していない。

　この間の総付加価値を計算したところ下記のようであったとしよう。

	第6期	第7期
営業利益	10,171	8,500
人件費	56,510	49,987
減価償却費	9,612	9,598
貸借料	539	972
租税公課	2,164	1,542
法人税等	941	570
総付加価値	79,937	71,169

　つまり、この企業がなくなると年間7,000万円以上のGDPが減少することを意味する。また、この企業は第7期を迎えているので創業以来の総付加価値合計は5億円近くになる可能性がある。これと比較すると有利子負債が約9,000万円あることも「過大」とはいえないのではないだろうか。企業の経済的価値を評価する基準は利益だけではない。

　GDPを持ち出さなくても人件費だけでこの企業の重要性がわかる。約5,000万円の人件費をまかなっているのだ。平均的な約10世帯分である。中小企業といえどもこの企業の存続は経営者一家だけの問題ではない。このような視点は地域経済を考えねばならない自治体や商工会議所にとって重要な指標である。もちろん、地域金融機関にとっても同様であらねばならない。

　社会的意義の側面だけでなく、金融機関の企業評価の視点からも総付加価値は重要な情報をもたらしてくれる。注目すべきは人件費が第7期には650万円、前年比10％以上減少していることである。すなわち「1カ月分の給与」が減少したのである。

　固定給の従業員の場合、経営者は給与削減という深刻な決断を下したのかもしれない※。給与削減をしなければならなかったのは「損失になるのを回避したかったから」ではない。損失を回避するだけなら減価償却費の削減による「古典的な粉飾」ですむ。減価償却費を削っても「現預金は増えない」のである。また経営者にとって支出削減を考える場合、人件費は最後まで手をつけたくない「最後の聖域」である。つまり、第7期には「どうしても現

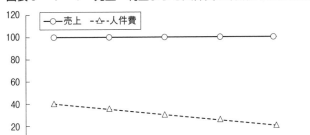

図表6−1−1　売上・利益よりも人件費の増減が実態を表す

金が650万円足りなかった」ことが推定される。

※　パートタイマー向けの給与が減少しているのであれば、売上が同じなのに操業度が10％減少したことを示唆する。

　中小企業が経営危機に瀕したとき、さまざまな方法で粉飾を行っても人件費を操作することはまれである。長期的に業績が下降している企業は「売上・利益は横ばいなのに人件費（従業員数）が減少傾向にある」という状況になりがちである。粉飾の有無は別にして、売上・利益よりも人件費の変動が実態を表すこともある（図表6−1−1）。

　逆に「損失が続いているにも関わらず、人件費が急増している」場合、経営者は先行きに対して強気・楽観していることを意味する。将来、株式公開を念頭に置いている企業にみられるパターンである。

第2節　労働生産性の要因分析

1　労働生産性の意義

$$労働生産性 = \frac{付加価値額^{※}}{従業員数}$$

※　図表6－2－1の統計では付加価値の計算が以下のようになっている。
　2006年度調査以前：人件費＝役員給与＋従業員給与（従業員賞与を含む）＋福利厚生費
　2007年度調査以降：人件費＝役員給与＋役員賞与＋従業員給与＋従業員賞与＋福利厚生費
　付加価値額＝人件費＋支払利息等＋動産・不動産賃借料＋租税公課＋営業純益
　営業純益＝営業利益－支払利息等

　付加価値の重要性・有用性は前節で解説した。労働生産性という概念はマクロ経済の成長理論※、国全体の経済成長を考えるときに登場する。政府や日本銀行が労働生産性という指標にこだわる理由である。日本の経済成長率が他の先進国に比べて低い原因が議論される際、労働生産性の低さが指摘さ

図表6－2－1　2018年度の労働生産性（全産業・全規模）は730万円
※業種別・資本金別　　　　　　　　　　　　　　　　　　　　　（単位：万円）

業種＼資本金	1,000万円未満	1,000万～1億円	1億～10億円	10億円以上
製造業	485	570	872	1,367
非製造業	494	566	761	1,394

（出所）　財務省「法人企業統計調査からみる日本企業の特徴」（https://www.mof.go.jp/pri/reference/ssc/japan/index.htm）

図表6−2−2 主要先進7カ国の就業者1人当り労働生産性の順位の変遷

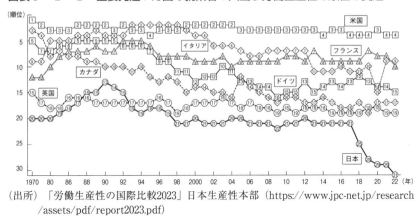

(出所)「労働生産性の国際比較2023」日本生産性本部（https://www.jpc-net.jp/research/assets/pdf/report2023.pdf）

れる（図表6−2−2）。

※ 代表的なものにケインズ派のハロッド＝ドーマー型成長理論（成長理論）、新古典派のソロー＝スワン型成長理論がある。

2 【補論】生産性指標を学習するヒント

生産性指標関連には下記のような用語が登場するが、初学者には紛らわしい。

$$\text{労働生産性（＝付加価値労働生産性）}$$
$$\text{設備生産性（＝機械設備生産性）}$$
$$\text{労働装備率（＝労働者機械装備率）}$$

以下のルールをイメージすれば整理に役立つ。

$$□□生産性 = \frac{付加価値}{□□}$$

$$労働△△ = \frac{△△}{労働者数}$$

設備＝装備＝機械（有形固定資産）

このルールを念頭に下記を確認する。

$$労働生産性（付加価値労働生産性）＝\frac{付加価値}{労働者数}$$

$$設備生産性＝機械設備生産性＝\frac{付加価値}{有形固定資産}$$

$$労働装備率＝労働者（機械）装備率＝\frac{有形固定資産}{労働者数}$$

3　労働生産性の要因分析

労働生産性も「ROEの要因分析（3指標分解等）」と同様に、いくつかの要因に分解される。

付加価値率、従業員1人当り売上で分解すると以下のようになる（図表6－2－3）。

$$労働生産性＝\underbrace{\frac{付加価値額}{売上}}_{付加価値率}\times\underbrace{\frac{売上}{従業員数}}_{従業員1人当り売上}$$

図表6－2－3　2018年度の付加価値率（全産業・全規模）は20.5％

※業種別・資本金別　　　　　　　　　　　　　　　　　　（単位：％）

業種＼資本金	1,000万円未満	1,000万～1億円	1億～10億円	10億円以上
製造業	34.6	24.4	19.1	17.0
非製造業	31.0	21.9	17.2	18.4

（出所）　財務省「法人企業統計調査からみる日本企業の特徴」(https://www.mof.go.jp/pri/reference/ssc/japan/index.htm)

$$= \frac{付加価値額}{売上} \times \frac{売上}{総資産} \times \frac{総資産}{従業員数}$$

$$付加価値率 \quad 総資産回転率 \quad 資本集約度$$

労働生産性、労働装備率で分解すると以下のようになる。

$$労働生産性 = \frac{付加価値額}{有形固定資産} \times \frac{有形固定資産}{従業員数}$$

$$設備生産性 \quad 労働装備率$$

$$= \frac{付加価値額}{売上} \times \frac{売上}{有形固定資産} \times \frac{有形固定資産}{従業員数}$$

$$付加価値率 \quad 固定資産回転率 \quad 労働装備率$$

図表6-2-4　2018年度の設備投資効率(全産業・全規模)は68.5%

※業種別・資本金別　　　　　　　　　　　　　　　　　　　　(単位:％)

資本金 業種	1,000万円未満	1,000万～1億円	1億～10億円	10億円以上
製造業	124.2	83.2	84.2	75.4
非製造業	79.4	68.6	95.2	47.4

(出所)　財務省「法人企業統計調査からみる日本企業の特徴」(https://www.mof.go.jp/pri/reference/ssc/japan/index.htm)

図表6-2-5　2018年度の労働装備率(全産業・全規模)は1,066万円

※業種別・資本金別　　　　　　　　　　　　　　　　　　　　(単位:万円)

資本金 業種	1,000万円未満	1,000万～1億円	1億～10億円	10億円以上
製造業	391	684	1,035	1,812
非製造業	622	824	799	2,937

(出所)　財務省「法人企業統計調査からみる日本企業の特徴」(https://www.mof.go.jp/pri/reference/ssc/japan/index.htm)

上記の「設備投資効率」は設備生産性と同意義である（図表6－2－4、6－2－5）。

4　個別の中小企業の事情　Level 2　中小企業

労働生産性を設備生産性と労働装備率とに分解した場合、「労働装備率は高いほうがよい」、だから「機械化できる部分は機械化したほうがよい」と考えがちである。

$$\text{労働生産性} = \underbrace{\frac{\text{付加価値額}}{\text{有形固定資産}}}_{\text{設備生産性}} \times \underbrace{\frac{\text{有形固定資産}}{\text{従業員数}}}_{\text{労働装備率}}$$

しかし、そもそも労働生産性は有形固定資産と直接の関係はない。

$$\text{労働生産性} = \frac{\text{付加価値額}}{\text{従業員数}}$$

同じ売上・付加価値額に対して有形固定資産が増加した場合、労働装備率は上昇するが、設備生産性は低下する。よって本質的には機械化によって売上・付加価値が増加するか従業員数の減少がない限り、意味はない。

また同じ性能の機械であっても、導入時期によって減価償却の進み具合で固定資産残高が変わる。中古機械を導入した場合にはなおさらである。このように個別の企業の事情抜きに、マクロ経済の統計数値と比較すると誤解が生じやすい。

「生産性」という用語から生産現場に意識が向きがちであるが、要因分析をするときに失念するのが「販売価格を引き上げると営業利益・付加価値額が増加する」という側面である。生産性の問題は「機械を導入する」ことではなく、売上・営業利益を増やすことである。

5　設備投資は製品サイクルの影響を受ける　Level 2

　コンビニエンスストアのおにぎりは1日数百万個売れる。これを手作業で製造するのは不可能である。だから徹底的に機械化される。

　しかし「季節限定のスイーツ」に関しては手作業の部分がかなり残されている。多品種・少量生産のうえ、1シーズン限りの可能性が高いからである。同じスイーツでも定番と呼ばれるもの、昔ながらの製品、年中売れる製品であれば機械化するメリットは大きい。

　このように製品の寿命、ライフサイクルが投資の可否に強く影響する。

6　中小企業経営者も気にする労働分配率　中小企業

　労働分配率は人件費を付加価値額で除したものである。従業員1人当り人件費は労働生産性と労働分配率とに分解できる。

$$労働分配率 = \frac{人件費}{付加価値額}$$

$$1人当り人件費 = \underbrace{\frac{人件費}{付加価値額}}_{労働分配率} \times \underbrace{\frac{付加価値額}{従業員数}}_{労働生産性}$$

　業績が好調になってきた場合、経営者は従業員給与をどこまで引き上げるのが妥当かを気にする。もちろん平均給与の統計も参考にするが、自社の業績からの「身の丈にあった給与水準」を考えたいとき、労働分配率を参考にできる（図表6-2-6）。

図表6-2-6 企業規模別の労働分配率の推移

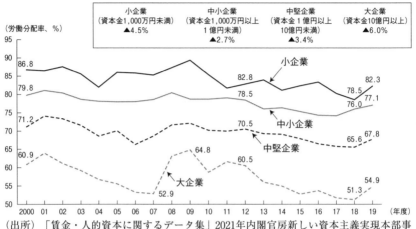

(出所)「賃金・人的資本に関するデータ集」2021年内閣官房新しい資本主義実現本部事務局（https://www.cas.go.jp/jp/seisaku/atarashii_sihonsyugi/kaigi/dai3/shiryou1.pdf）

$$1人当り人件費 = 労働分配率 \times \frac{付加価値額}{従業員数}$$

　上記の式において労働分配率には統計上の数値を、労働生産性の要素（付加価値額、従業員数）には自社の数値を代入すれば「身の丈にあった給与水準」の参考値になる。

第7章
損益分岐点分析

第1節　費用の固変分解

1　損益計算書の弱点

損益計算書だけでは利益計画が立てられない。そのことを事例を用いて解説する。A社は当期▲100の経常損失であった。「経常利益を＋200にするために必要な売上」はいくらだろうか。

A社の損益計算書	
売上	2,000
売上原価	1,600
売上総利益	400
販売費及び一般管理費	450
営業利益	▲50
営業外費用	50
経常利益	▲100

損益計算書の情報だけでは「必要な売上」を計算できない。なぜなら費用には売上の増加に伴い「増加する費用」と「増加しない費用」があるからである。前者を変動費、後者を固定費と呼ぶ。損益計算書には変動費と固定費が明示されていないため目標利益を達成するために必要な売上を算定することはできない。

2　費用の固変分解

「必要な売上」を計算するためには費用を変動費と固定費とに分解して集計する必要がある。これを「費用の固変分解」と呼ぶ。費用を変動費と固定費とに分ける方法はいくつかある。

(1) 実態にあわせて分解する

実態にあわせて分解すること、これが理想とすべき方法である。後述する「費目による分解」では「人件費は固定費」とされるが、人件費と一括りにしてもその内容は固定費とはいいがたい場合もある。特に操業度が大きく変動する企業の場合、臨時的なパート・アルバイトの導入があるなら人件費全額が固定費とはいえないからである。

ただこの方法は、企業内部の方が事業活動を観察しながら時間をかけないと実現できないものである。決算書情報しか入手できない外部者、あるいは短時間で把握したい場合にはこの方法は採用できない。

(2) 勘定科目法

金融機関関係者が最も実務で目にするのはこの方法である。中小企業庁が「中小企業の原価指標」で、製造業、卸・小売業、建設業ごとに費目を変動費と固定費とに分解している（図表7－1－1）。

これを利用すれば外部者であっても、損益計算書の販売費及び一般管理費の明細、製造原価報告書があれば短時間で固変分解ができる。

そのほか日本銀行が公表している「主要企業経営分析」でも勘定科目法を採用している。日本銀行のような日本全体のマクロ経済を監視している組織にとっては「個々の企業の実情」を把握する必要はないので、勘定科目法を採用するのも合理的である。

ただ、前述のように個々の企業の実情を十分に反映しているとはいえないため「目標利益を達成するための売上」の精度が期待できない面もある。

(3) 回帰分析法

過去複数年度の売上と経常損益のデータから回帰分析を行えば固定費と変動費率を求めることができる。計算自体はExcel等の表計算ソフトでできる。しかし、回帰分析になじみのない経営者や金融機関職員にとっては近寄りがたいものかもしれない。

回帰分析について事例を用いて解説する。回帰分析を行うためには複数年度の売上と総費用のデータが必要である。ここでは下記の4期分のデータを入力データとして、回帰分析によって固定費と変動費率を計算しよう。

図表７－１－１　中小企業庁方式の固変分解

	変動費	固定費
製造業	直接材料費、買入部品費、外注費、間接材料費、その他直接経費、重油等燃料費、当期製品仕入原価、当期製品棚卸高－期末製品棚卸高、酒税	直接労務費、間接労務費、福利厚生費、減価償却費、賃借料、保険料、修繕料、水道光熱費、旅費、交通費、その他製造経費、販売員給料手当、通信費、支払運賃、荷造費、消耗品費、広告費、宣伝費、交際・接待費、その他販売費、役員給料手当、事務員（管理部門）・販売員給料手当、支払利息、割引料、従業員教育費、租税公課、研究開発費、その他管理費
卸・小売業	売上原価、支払運賃、支払荷造費、支払保管料、車両燃料費（卸売業の場合のみ50％）、保険料（卸売業の場合のみ50％）、 （注）　小売業の車両燃料費、車両修理費、保険料はすべて固定費	販売員給料手当、車両燃料費（卸売業の場合50％）、車両修理費（卸売業の場合50％）販売員旅費、交通費、通信費、広告宣伝費、その他販売費、役員（店主）給料手当、事務員（管理部門）給料手当、福利厚生費、減価償却費、交際・接待費、土地建物賃借料、保険料（卸売業の場合50％）、修繕費、光熱水道料、支払利息、割引料、租税公課、従業員教育費、その他管理費
建設業	材料費、労務費、外注費、仮設経費、動力・用水・光熱費（完成工事原価のみ）運搬費、機械等経費、設計費、兼業原価	労務管理費、租税公課、地代家賃、保険料、現場従業員給料手当、福利厚生費、事務用品費、通信交通費、交際費、補償費、その他経費、役員給料手当、退職金、修繕維持費、広告宣伝費、支払利息、割引料、減価償却費、動力・用水・光熱費（一般管理費のみ）、従業員教育費、その他管理費

（出所）　中小企業庁「5.4直接原価方式による損益計算書の作成・計算手順」(https://www.chusho.meti.go.jp/bcp/contents/level_c/bcpgl_05c_4_3.html)

年度	売上	総費用
20X0	2,700	2,800
20X1	2,400	2,300
20X2	3,000	2,900
20X3	2,000	2,100

上記データを回帰分析にかけるのであるが、ここではMicrosoft Excelのアドイン機能にある回帰分析で行う。Excelの操作に関する解説はここでは省略する。ネット上で検索すれば容易に見つけられる。

回帰モデル式は「売上から総費用を予測する」式であり、以下の算式である。

$$y = \alpha + \beta x$$

上記は以下のように対応させられる。

$$総費用の予測値 = 固定費 + 変動費率 \times 売上$$

Excelによる回帰分析結果（抜粋）は以下のようになった。

回帰統計	
重相関R	0.964683
重決定R2	0.930614
補正R2	0.895921
標準誤差	124.5998
観測数	4

分散分析表

	自由度	変動	分散	観測された分散比
回帰	1	416,449.8	416,449.8	26.82426
残差	2	31,050.23	15,525.11	
合計	3	447,500		

	係数	標準誤差	t	P－値
切片	322.8311	429.7335	0.751235	0.530877
X値1	0.872146	0.168394	5.179215	0.035317

上記の解析結果の詳細については触れないが、固定費は322.8311（323と

する)、変動費率は0.872146 (87.2%とする) と推定されている。回帰式のモデルは次のようになる。

$$総費用の予測値 = 固定費 + 変動費率 \times 売上$$
$$= 323 + 87.2\% \times 売上$$

たとえば20X0年の売上2,700の実績を上式に代入すると20X0年の総費用の予測値が得られる。

$$総費用の予測値 = 323 + 87.2\% \times 2,700 = 2,677$$

20X0年の総費用の実績2,800と123の誤差がある。

	売上	総費用		
		予測値	実績	誤差
20X0	2,700	2,677	2,800	123
20X1	2,400	2,416	2,300	▲116
20X2	3,000	2,939	2,900	▲39
20X3	2,000	2,067	2,100	33

要は回帰分析は、4年分の実績と予測値との誤差がいちばん小さくなるようにモデル式の$y = \alpha + \beta x$のαとβ (回帰パラメータ) を求めているのである。

このような統計学的な方法を「最も優れた方法」であるとは筆者は思わない。やはり「実態にあわせて分解する」のが理想であろう。なぜなら、損益分岐点分析の後、固定費と変動費率とを見直していくことになるが、実態にあわせて分解する方法ならば「固定費や変動費の明細」とその改善可能性について、経営者に判断材料を提供してくれる。それに比べて回帰分析法だと経営者が具体的な改善策をイメージしにくいという欠点がある。

また、データ解析に使用する過去のデータを何年分にするかで解析結果が

異なる。長ければ長いほど統計学的には予測精度が高くなるはずだが、過去の状況と現在および将来の状況とが一致するとは限らないので、経営上の予測精度の向上が必ずしも得られるわけではない。

第2節 損益分岐点売上および「目標利益を達成する売上」

1 損益分岐点売上

なんらかの方法で費用を以下のように固変分解できたとしよう。

	損益計算書	変動費	固定費
売上原価	1,600	1,600	0
販売費及び一般管理費	450	200	250
営業外費用	50	0	50
合計	2,100	1,800	300

上記の情報をもとに損益計算書を書き改める。

売上	2,000
売上原価	1,600
売上総利益	400
販売費及び一般管理費	450
営業利益	▲50
営業外費用	50
経常利益	▲100

売上	2,000
変動費	1,800
限界利益	200
固定費	300
経常利益	▲100

売上から変動費を差し引いて求められる利益を限界利益と呼ぶ。これも初学者には誤解を招く名称であろう。筆者も初めて目にしたとき「どうして利益の上限（限界）が出てくるのか」と思った。限界利益は英語でmarginal profitである。このmarginalは、数学の微分係数、変化率、曲線の傾きのことを意味する。損益分岐点分析においては、変動費は売上比例費、限界利益は売上比例利益と考えてよい※。

※ marginalがいつでも比例関係があることを前提にできるわけではないが、売上がゼロ

のときには変動費用も必ずゼロ、したがって限界利益も必ずゼロになる。だから「比例」という表現が使える。もちろん、このような用語の置換えは一般的ではない。本書のなかだけの言い換えであることに注意してほしい。

売上		2,000
変動費	（＝売上比例費）	1,800
限界利益（＝売上比例利益）		200
固定費		300
経常利益		▲100

変動費と限界利益は売上に比例するので、売上が2倍になれば、変動費も2倍になり、限界利益も2倍になる。固定費は売上が増加しても減少しても一定であると考える※。すると売上が2倍になったときの経常利益が予測できることになる。

※ 「売上が2倍になっても固定費は一定」と仮定することは現実的ではない。この点については後述する。

売上	2,000	売上が2倍になれば…		4,000
変動費	1,800	変動費も2倍		3,600
限界利益	200	だから限界利益も2倍		400
固定費	300	だけど固定費は一定		300
経常利益	▲100			100

では、まず損失▲200が解消され、経常利益がちょうどゼロになるのに必要な売上を計算しよう。

この経常利益がゼロになる売上のことを損益分岐点売上高、あるいは簡単に損益分岐点と呼ぶ。「利益が赤字（損失）から黒字（利益）に変わる分岐点となる売上」という意味である。

なお、損益分岐点分析はCVP分析とも呼ばれる。Cost（費用）、Volume（販売量、売上）、Profit（利益）の三者の関係を分析するという意味である。

売上	2,000	? ← 損益分岐点とは利益が0になる売上
変動費	1,800	?
限界利益	200	?
固定費	300	?
経常利益	▲100	0

損益分岐点の計算は公式（後述する）に頼ることなく簡単に計算できる。以下の手順で、下からさかのぼっていけば損益分岐点売上を求められる。

① 【STEP1】売上がいくらでも「固定費300は一定」と想定する。
② 【STEP2】限界利益から固定費300を引くとゼロになるから、限界利益は固定費300と等しい。
③ 【STEP3】限界利益は元の200から50％増加している。
④ 【STEP4】限界利益が50％増加したのは、売上と変動費が50％増加したから。

以上のSTEPで、売上が3,000になったとき、利益がゼロになることがわかる。売上3,000が損益分岐点売上である。比例関係は「同じ率で増減する」と考えるほかに、「売上に対する比率が一定」ととらえることもできる。

売上	2,000	100％	3,000	100％
変動費	1,800	90％	2,700	90％ （変動費率）
限界利益	200	10％	300	10％ （限界利益率）
固定費	300		300	
経常利益	▲100		0	

したがって変動費率と限界利益率は以下の関係になる。

> 限界利益率（10％）＝売上100％－変動費率（90％）

変動費率（あるいは限界利益率）と固定費さえわかれば、元の売上の情報がなくとも損益分岐点売上は計算できる。

売上	?	100％
変動費		90％
限界利益		10％
固定費	300	
経常利益	0	

① 【STEP1】売上がいくらでも「固定費300は一定」と想定する。
② 【STEP2】限界利益から固定費300を引くと0になるから、限界利益は固定費300と等しい。
③ 【STEP3】限界利益300は売上の10％である。売上は限界利益（＝固定費）300を限界利益率10％で割って3,000と計算できる。

この考え方が一般的な損益分岐点の公式である。

$$損益分岐点売上 = \frac{固定費（=限界利益）}{限界利益率} = \frac{300}{10\%} = 3{,}000$$

2　目標利益を達成する売上

(1) 損益分岐点売上の逆算

当初の目的は損益分岐点売上を求めることではなく「経常利益を＋200にするために必要な売上」であった。これは上記と同様に求められる。

損益分岐点売上は「利益が生じ始める売上」なので、低いほど利益が出やすい。したがって損益分岐点売上は低いほどよいとされる[※]。

※ 実務ではそうとは限らないことに関して後述する。
① 【STEP 1】売上がいくらでも「固定費300は一定」と想定する。
② 【STEP 2】限界利益から固定費300を引くと目標利益200になるようにしたいから、限界利益は「固定費300＋目標利益200＝500」でなければならない。
③ 【STEP 3】限界利益500は売上の10％だから、売上は5,000である。

$$損益分岐点売上 = \frac{固定費＋目標利益（＝限界利益）}{限界利益率} = \frac{300＋200}{10\%} = 5,000$$

(2) 【参考】グラフでみる損益分岐点

この費用の総額（＝固定費＋変動費）を、横軸に売上・縦軸に費用をとったグラフに描くと次のようになる。

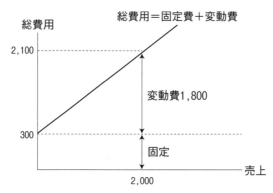

変動費率はこの費用線の傾きになる。前節の回帰分析法は過去のデータから傾きと切片（売上がゼロのときの総費用）を推定する方法である。

これに売上線を重ねよう。売上線は縦軸にも売上をとった線だから、原点を通る45度の直線になる。売上が3,000までは売上線が費用線の下にある（費用＞売上）ので損失が生じ、3,000を超えると売上線が費用線より上にある（売上＞費用）ので利益が生じる。そして売上3,000こそが損失と利益の境界、すなわち損益分岐点である。

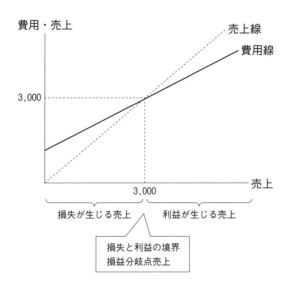

3　安全余裕率（経営安全率）

前述の事例（A社）は「損失を解消するために必要な売上」を求めた。今度は逆方向に考えよう。すなわち「どれだけ売上が減少すると損失が生じるのか」である。

```
                B社
売上          3,000    100%
変動費        2,400     80%
  限界利益      600     20%
固定費          450
  経常利益      150
```

B社の利益がゼロになる損益分岐点売上を先ほどの考え方で求めよう。

$$損益分岐点売上 = \frac{固定費（=限界利益）}{限界利益率} = \frac{450}{20\%} = 2,250$$

つまり、現状の売上3,000が2,250未満に減少すると損失に転じることにな

る。これを「現状の売上の何％が減少するか」で表現しよう。これを安全余裕率（経営安全率）と呼ぶ。

$$安全余裕率（経営安全率）= \frac{現状の売上 - 損益分岐点売上}{現状の売上^{※}}$$

※　分母が損益分岐点売上ではないことに注意。「現状の売上の何％が減少したら」を考えている。

当てはめると以下のようになる。

$$安全余裕率（経営安全率）= \frac{3,000 - 2,250}{3,000} = 25\%$$

4　事業構造改革（リストラクチャリング）

前述のA社の例では、損失100を解消するには売上を＋50％も増加させる必要があった。

売上	2,000	→	3,000
変動費	1,800		2,700
限界利益	200		300
固定費	300		300
経常利益	▲100		0

このままでは短期間に損失を解消するのは困難だと経営者が判断した場合、固定費と変動費を見直すことになる。

まず固定費も変動費も「できるコスト削減」は可能な限り実行する。次に「変動費と固定費とのバランスの見直し」を行うことになる。選択肢は二つである。

(1)　【選択肢1】変動費削減のための固定費増加

変動費を削減するために固定費を増加させる。具体例として「外注してい

た部品を、社内で製造する（＝内製化）」ことにより、変動費率を90％から70％に低下するが、固定費が300から540に増加するとしよう。

(2) 【選択肢2】固定費削減のための変動費増加

固定費を削減するために変動費を増加させる。具体例として「社内での部品製造を中止し、外注する（アウトソーシング）」ことにより、固定費は300から90に引き下げられるが、変動費率は90％から94％に上昇するとしよう。

まず、各案を採用した場合の損益分岐点を求めよう。

	現状		選択肢1		選択肢2	
売上	3,000	100%	1,800	100%	1,500	100%
変動費	2,700	90%	1,260	70%	1,410	94%
限界利益	300	10%	540	30%	90	6%
固定費	300		540		90	
経常利益	0		0		0	

「損益分岐点売上は低いほどよい」という基準で判断すると「選択肢2が優れている」ことになる。

しかし、選択肢2が常に最善の結果をもたらすかというとそうではない。選択肢1、2各々で売上が4,000だった場合の利益を比較しよう。

	現状		選択肢1		選択肢2	
売上	4,000	100%	4,000	100%	4,000	100%
変動費	3,600	90%	2,800	70%	3,760	94%
限界利益	400	10%	1,200	30%	240	6%
固定費	300		540		150	
経常利益	100		660		90	

損益分岐点の比較では最も有利だったはずの選択肢2が最も利益が少ないことがわかる。一般に内製化（固定費を多くして変動費を削減する）とアウトソーシング（固定費を削減するために変動費増を認める）には長所短所がある（図表7－2－1）。

極論すれば「固定費がゼロ」ならば売上がゼロでも損失は生じない。なぜなら変動費もゼロになるからである。固定費を極限まで削減しようとする経

図表7-2-1　内製化と外注化（アウトソーシング）

	内製化 （固定費を増加させ変動費を削減する）	外注化 （固定費を削減するかわりに変動費を増やす）
長所	売上が大きいときには利益が大きい	売上減少時に赤字になりにくい（損益分岐点が低い）
短所	売上減少時に赤字になりやすい（損益分岐点が高い）	売上が大きいときには利益が少ない
備考	好景気時の損益構造	景気停滞期の損益構造

営の一つにファブレス（Fabrication facility less）がある。固定費の要因である製造部門をもたず100％外注し、製品の企画・設計に特化する経営である。では、これが理想化といえば、ファブレス経営の発注先である生産部門に特化した企業はその対極にある。どちらかだけが正解ではないだろう。

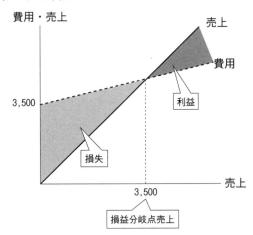

一般に「固定費が大きく、変動費率が低い場合」は損益分岐点売上が高くなり、利益・損失ともに大きくなる傾向がある。

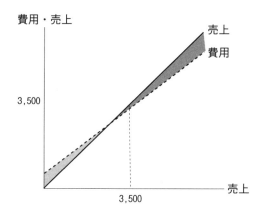

　一般に「固定費が小さく、変動費率が高い場合」は損益分岐点売上が低くなり、利益・損失ともに小さくなる傾向がある。

　「リストラ」といえばもっぱら「人員削減」を意味するのは、業績が悪化した企業は工場を閉鎖し人件費を削減する。固定費を削減することにより損失を抑えようとしているのである。

　逆に好業績の企業は工場を増設し、人員を増加させる。固定費は増加するが、それによって利益がより増大するからである。

第3節 損益分岐点分析の実務上の留意点

Level 2

1 計画の前提を疑う

損益分岐点の発想をもう一度検証しよう。

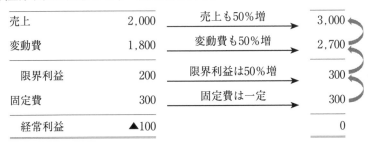

この計算には二つの前提がある。

① 【前提1】売上が50％増加しても固定費は一定
② 【前提2】変動費率（限界利益率）は一定

これに関して実務上、留意すべき点がある。

2 売上増が巨額の場合、固定費も増加する

「売上が50％増加しても固定費は一定」という前提は、どんな場合にも成立するだろうか。

これは生産設備や店舗の稼働率が著しく低い場合にのみ通用する仮定である。現状の生産設備や店舗で達成可能な売上には通常上限があり、この上限を超える生産・売上を実現しようとすると工場・店舗の増設が必要になり、人件費を含めた固定費も増加せざるをえない※。

※ 世界規模で活動する自動車産業等の場合、工場稼働率が低いことはありえないため増産には工場増設が伴う。したがって全社ベースでみるとすべてが変動費に近い状態にな

ることが予想される。

3 【TOPIC】「削減できる固定費」と「削減できない固定費」

　工場・店舗の増設等の固定資産の取得に伴う減価償却費は「すでに支払ってしまった支出の配分」にすぎないので、後になって削減することはできない。経営者の意思決定によって削減できない費用をコミッテド・コスト（Committed Cost）と呼ぶ。

　一方で、同じ固定費に分類されがちな人件費であるが、これは業績が悪化したときには解雇による人件費削減が可能である。このように経営者の意思決定によって削減できる費用をマネージド・コスト（Managed Cost）と呼ぶ。

　人件費を固定費ととらえるか変動費ととらえるかは経営者次第である。特に人材派遣が一般的になった状況では変動費化することが容易になった。この場合、人件費は変動費、あるいは「変動費にできる固定費」というとらえ方になるであろう。

　しかし、その一方で人手不足による経営難も現実化しており、パート・アルバイト、人材派遣を含めた労働市場の動向次第で「調達困難な経営資源」という側面にも留意しなければならない。

4　変動費が一定でも変動費率は変化する

　もう一つの前提、「変動費率（限界利益率）は一定」という前提は、どんな場合にも成立するだろうか。変動費の集計が厳密にできたとしても変動費率（限界利益率）が一定であることもまれだろう。

　見落とされがちな要因が「販売価格の変動」である。一般にコスト側（変動費）の価格変動よりも、販売価格の変動のほうが変動費率に与える影響は大きい。

$$変動費率 = \frac{変動費}{売上（販売価格 \times 数量）}$$

さらに製品ごとの限界利益率に変化がなくとも製品別のセールスミックスに変化があると全社ベースの限界利益率は変わってしまう。

	前年			当年		
	製品A	製品B	合計	製品A	製品B	合計
売上	500	500	1,000	400	600	1,000
変動費	300	400	700	240	480	720
限界利益	200 (40%)	100 (20%)	300 (30%)	160 (40%)	120 (20%)	280 (28%)

単一製品・商品であってもセールスチャネルによって利益率が異なる場合も同様である。店頭販売のほかにネット販売、あるいは法人向けと個人顧客向けとで利益率が異なる場合にもセールスミックスによる全社ベースの限界利益率は変化する。

つまり、損益分岐点分析は「全社ベース、売上が大きく変動する長期間」に適用しようとすると予測誤差が大きくなる。全社ベースで予測する場合でも、限界利益率が異なる製品別に損益分岐点分析を行い、それを集計するかたちにしたほうが予測精度は高まるだろう。

このような留意点をあげていくと「損益分岐点分析は実用的ではないのか」と疑念をもたれるかもしれない。計画全般にいえることだが「計画どおりにいかないから計画が必要」なのである[※]。予期せぬ販売価格の下落がどの程度企業業績に影響するか、増産のためにはいくらまでの投資が必要になり、その結果の利益はどうなるか。これらの事態に備えるために「計画どおりにはいかない」ことを前提に計画が必須になるのである。

※　日常生活でいえば、新幹線で東京から大阪に行くのに細かな計画を立てる必要はない。出発と到着の予定時刻さえみればよい。JRの運行は「計画どおり」であることを前

提にしても問題ない。しかし、もし趣味で東京から大阪へ自転車で行くのであれば計画は必須であろう。「もし、自転車が故障したら」「もし体力が尽きたら」「もし天候が悪化したら」等に備えて計画を立案することで安全性を高めることができるだろう。

第8章
中小企業固有のテーマ

第 1 節　粉飾検証の原理

1　粉飾を見抜くことが目的ではない

　困ったことに粉飾決算（利益の過大表示）は上場企業、中小企業を問わず起こっている。上場企業の場合、監査法人が会計監査を実施しているにもかかわらず、である。

　まして中小企業の場合、外部の検証を受けないまま作成されるので、粉飾決算（利益の過大表示）は珍しくない。しかし、金融機関の立場は「粉飾を指摘しておしまい」ではない。粉飾されていることを前提として、そのうえで企業の本当の財務状況や収益力を把握し、経営者の資質を判断しなければならない。

　粉飾決算は許されるものではない。しかしながら、経営者の資質と経営改善の可能性から、関係を保てる場合もある。後述するが「社長借入れを収入にする」例などは、承知のうえでその先を検討することも可能である。

　その一方で、粉飾決算で不正に融資を引き出した罪で摘発されるケースもある。このような兆候が明らかな場合、かかわるべきではなかろう。

2　税務署は粉飾を問題視しない

　中小企業で「税務調査で指摘を受けたことがない」と聞くと、経理がしっかりして信用できるという印象をもつ。しかし、「税務調査で指摘がない」ことは「粉飾決算ではない」ことを意味しない。

　「正しい決算書」をゆがめる方法は二つある。一つは実態よりも利益を過大に計上すること、これが粉飾決算である。もう一つは実態よりも利益を過少に計上することで、その目的は租税回避、脱税である。

税務署と監査法人とでは問題視する方向が正反対である。税務署は利益の過少計上による脱税を問題視する。逆にいえば税務署は「粉飾決算（利益の過大計上）」には鷹揚である。本来ならば払わなくてもよい税金を無理して払っているからだ。

　一方、上場企業の監査法人は粉飾決算、「利益の過大計上」を警戒しながら監査手続を行う。もちろん、会計監査で「利益の過少計上」が見過ごされるわけではないが、株主から損害賠償請求されるのは「利益が過大計上されている」場合だからである。

会計監査、融資審査	税務署、税理士
利益の過大表示（粉飾）を警戒する。過少表示は「保守的」と受け入れる。	利益の過少計上による脱税を警戒する。過大表示（税金が多め）には寛容。

　厳密には粉飾なのだが、税務署も税理士も問題視しないから、粉飾であることを経営者が認識していないケースもある。その典型が「減価償却費の過少計上」である。繰越欠損金の関係等で税理士が「減価償却費の過少計上」することを提案するケースもある。これは、法人税法上は合法である。

会計監査、融資審査	税務署、税理士
会計基準では「毎期継続して行う」ことになっており、意図的に計上額を減少させると粉飾決算とみなす。	法人税法上、減価償却費は限度額までの計上は任意。計上額が「ゼロ」であっても問題なし。

　減価償却費を限度額未満に計上した場合、法人税申告書の別表十六（一）の「償却不足額」の欄をみれば金額まで把握できる※。これをして「悪意をもって粉飾している」とはみなせないだろう（図表8－1－1）。

※　「悪意がある」場合、別表に記載しないこともある。別表に記載がないからといって過少計上がないとは断定できない。

　そのほか、棚卸資産の計上には毎期、現物の棚卸し（期末在庫の実数を数えること）が必要だが、毎期同額を計上している中小企業は珍しくない。これも悪意があるとは断定できない。

　「悪意がある、ない」の線引きはむずかしいが、「損失を回避する」のでは

第1節　粉飾検証の原理　213

図表8−1−1　法人税申告書の別表十六（一）の抜粋

（表：旧定額法又は定額法による減価償却資産の償却額の計算に関する明細書　別表十六(一)　令五・四・一以後終了事業年度分）

資産区分	種類	1				
	構造	2				
	細目	3				
	取得年月日	4				
	事業の用に供した年月	5				
	耐用年数	6	年	年	年	年
取得価額	取得価額又は製作価額	7	外　　円	外　　円	外　　円	外　　円
	(7)のうち積立金方式による圧縮記帳の場合の償却額計算の対象となる取得価額に算入しない金額	8				
	差引取得価額 (7)−(8)	9				
帳簿価額	償却額計算の対象となる期末現在の帳簿記載金額	10				
	期末現在の積立金の額	11				
	積立金の期中取崩額	12				
	差引帳簿記載金額 (10)−(11)−(12)	13	外△	外△	外△	外△

当期償却額 (30)+(32)+(33)	35				
差引	償却不足額 (34)−(35)	36				
	償却超過額 (35)−(34)	37				

（出所）　国税庁ホームページ（https://www.nta.go.jp/taxes/tetsuzuki/shinsei/annai/hojin/shinkoku/itiran2023/01.htm）

なく「成長性をアピールする」ほどの規模の粉飾や、第三者との協力によるものとなると悪質といわざるをえない。

　ただ、当初経営者に悪意はなかったが、業績悪化が続き、いつの間にか大きな粉飾にはまり込んでいるケースもある。その見極めも「目利き」の一つであろう。

3　粉飾決算の原理とバランスシート・アプローチ

　利益の過大計上（粉飾）には「売上（収入）を増やすか、費用を減らす」ことが必要なので、「粉飾の検証は損益計算書から」と思いがちである。しかし、会計監査の監査手続は貸借対照表が中心になる。理由は複式簿記の原理で「売上を増やすか、費用を減らすか」すると、必ず貸借対照表の「資産が増えるか、負債が減る」ことになるからだ。この発想をバランスシート・

アプローチと呼ぶ。

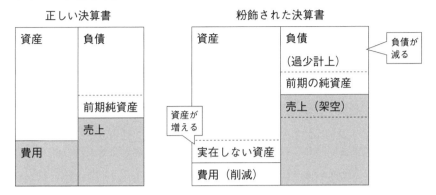

　損益計算書を無視するわけではないが、バランスシート・アプローチには二つのメリットがある。一つは「残高」の検証のほうが簡単なことである。たとえば預金通帳の入金・出金（Flow）の記録全部を検証するより、期末の預金残高（Balance）一つを検証するほうが楽である。もう一つはバランスシート・アプローチだと、その年だけでなく「過去の粉飾の累計額」を検証できる。損益計算書を検証しても、発見できるのは「その会計年度にあった粉飾」だけである。貸借対照表には過去から現在に至るまですべての粉飾の痕跡が残っている。

　もちろん、バランスシート・アプローチですべての粉飾を発見できるわけではない。「発見しやすい粉飾」と「発見が困難な粉飾」とがある。「資産が過大計上」されている場合、貸借対照表の資産が本当に実在するか検証すれば「実在しない資産」を発見できる。それに対して「負債が過少計上」されている場合、貸借対照表の負債を検証しても意味がない。「計上されていない」ものを発見しなければならないからである。「計上されていないもの」を探すのは非常に困難で、会計監査のプロである監査法人にとっても「会計監査の限界」とされる。

　プロにも発見困難な粉飾と聞くと「高度で巧妙な方法」と思われるかもしれない。困ったことに「経営に窮した中小企業経営者」ならだれもがすることであり発見困難である粉飾方法がある。それは「個人名義で借り入れた現

預金を法人名義の口座に移す」ことである。

```
┌──────┐      ┌──────┐  借入れ  ┌──────┐
│ 会社 │ ←──  │ 社長 │ ←────── │消費者│
│ 口座 │      │ 個人 │          │金融等│
└──────┘      └──────┘          └──────┘
```

　もちろん、法人名義に移すときに「借入れ」とすれば利益の過大計上にはならないのだが、それを「雑収入、売上等」による収入にすれば利益の過大計上になる。こうされると実際に入金があるので財務諸表だけから発見するのは困難である。本来、期末の貸借対照表に残すべき「社長からの借入金」が未計上になっている（負債の過少計上）。

　同様に会社経費を個人口座から支払って会社の経費に計上しないことも利益の過大計上になる。この場合、本来は「社長個人から会社が借入れし、その借入金で経費を支払った」とすべきなので、これも負債の過少計上である。

4　粉飾決算の仕訳

　「減価償却費の過少計上」は、正しい金額を計上した後で以下の仕訳をすることを意味する。

```
　　　　　　固定資産　□□//減価償却費　□□
```

　「在庫の過大計上」の場合は以下のようになる。

```
　　　　　　棚卸資産　□□//売上原価　□□
```

　「架空売上」の場合は以下のようになる。

```
　　　　　　売掛金　□□//売上　□□
```

　「借入金を売上として計上」の場合は以下のようになる。

```
          借入金　□□//売上　□□
```

これらに共通しているのは以下のパターンになっているということである。

```
     貸借対照表項目　□□//損益計算書項目　□□
```

このパターンの仕訳があればどの勘定科目を用いても利益は増加する。

つまり、架空売上の仕訳は相手勘定が売掛金である必然性はない。以下の仕訳で十分、利益を過大表示させることができる。

```
          固定資産　□□//売上　□□
          借入金　　□□//売上　□□
```

したがって、架空売上の有無は「売掛金を検証すればわかる」とは限らないのである。

さらに、以下のような仕訳をされると貸借対照表・損益計算書の情報だけから兆候をつかむのはきわめて困難になる。

```
          借入金　□□//売上原価　□□
```

つまり、特定の勘定科目だけ分析すれば粉飾の兆候を発見できるわけではなく、資産・負債全科目について検証をしなければならない。

ただ、中小企業の粉飾において「手の込んだ仕訳」を利用することはまれで、現実には「教科書的な粉飾仕訳」による。ここでは「教科書的な粉飾仕訳」について解説するが、これを逸脱する可能性にも留意してほしい。

5　ヒアリングからの検証

このように「負債の過少計上」につながる粉飾に対して、貸借対照表と損益計算書の情報だけから検証するのは困難である。これらの問題についても「経営者との対話」から推定できることがある。

経営者の事業を理解するための出発点として、営業面から売上を理解することが肝要である。具体的には「損益計算書の年間売上を１日の売上数量から把握する」ことである。以下、事例を用いて解説する。

ラーメン屋
　　座席数：10席
　　開店時間：11：00〜14：00、18：00〜23：00（8時間）
　　定休日：毎週水曜日
　　平均客単価：700円／人
　　平均滞在時間：30分

上記の前提でこのラーメン屋の最大売上を推定しよう。

１日当り客数＝10席×8時間×（60分÷30分）＝160人
１日当り売上＝160人×700円＝112千円／日
月間売上＝112,000円／日×26日＝2,912千円／月
年間売上＝2,912,000円／月×12カ月＝34,944千円

ラーメン屋の最大売上は約3,500万円ということになる。ただし、この金額は「開店前から行列ができて、閉店まで客が途絶えることがない」という非現実的な前提で計算したものだ。損益計算書の売上がこの金額を大きく上回っている場合、その理由を究明しなければならない。

このような情報は「怪しい売上を見抜く」ためだけではなく、「経営者と建設的な対話をする」ためにも有効なのである。この店が「売上を4,000万

円にする」という計画を立てた場合、それを実現するためには以下のような工夫が必要だろう。

- ○ 座席数を増やす
- ○ 開店時間を延ばす
- ○ 客単価を上げる
- ○ 平均滞在時間を短くする

座席数を増やすとなると店舗改装が必要である。そのための資金の手当を考えねばならない。開店時間を延ばすとなると人件費の増加も発生するかもしれない。こういう対話が経営者とできたら、経営者がどこまで真剣に考えているかがわかる。また、経営者から「相談してよかった」と思ってもらえるだろう。

第2節 検証可能な古典的粉飾

1 減価償却費の過少計上

(1) 粉飾とは思われていない粉飾

　代表的な粉飾の手口として「減価償却の過少計上」がある。これは税務署が問題視しないので慣行となっているが、「中小企業の会計に関する指針」によれば粉飾である。減価償却を過少計上すると貸借対照表の「固定資産の過大計上」となる。

損益計算書

売上		4,500		
売上原価		3,000		
売上総利益		1,500		
販売費及び一般管理費				
（減価償却費）	250	1,550 ⇒	160	1,460
営業利益		▲50		+40

貸借対照表

流動資産	負債
10,700	2,000
固定資産	純資産
1,250→1,340	9,950→10,040

（注）法人税が発生する影響は無視する。

(2) 「減価償却費の過少計上」の発見方法

a 法人税申告書の別表十六（一）

減価償却費を限度額未満に計上した場合、法人税申告書の別表十六（一）の「償却不足額」の欄をみれば金額まで把握できる。ただし、「悪意がある」場合、別表に記載しないこともある。別表に記載がないからといって過少計上がないとは断定できない。

b 前年度と比較する

素朴な検証方法であるが、減価償却費は損益分岐点分析において固定費と位置づけられるだけに前年度比較で過少計上の兆候をつかむこともできる。

もちろん、定率法を採用している場合であれば前年比で小さくなることもある。

c 減価償却費の計算表を検証する

通常、減価償却費を計算するための表を作成する。別表十六（一）だけではわからない個別の固定資産ごとに償却費の計算をしているはずである。つまり、この表において定率法・定額法、および耐用年数ごとに償却費が計算されているはずである。

この明細の計算と合計が決算書と一致しているか検証することにより発見できる。手間はかかるが最も確実な方法である（図表8－2－1、8－2－2）。

d キャッシュフロー計算書で評価する

第5章で解説しているので参照されたい。

減価償却費を過少計上しても「営業活動によるキャッシュフロー」が増加

図表8－2－1　減価償却費計算表の例

減価償却資産の名称等（種類資産をさきり）	面積又は数量	取得年月	取得価額（償却保証額）	償却の基礎になる金額	償却方法	耐用年数	償却率又は償却期間	本年中の償却期間	本年分の普通償却費	特別償却費	本年分の償却費合計	事業専用割合	本年分の必要経費算入額	未償却残高（期末残高）	摘要
		年　月	円（　　）	円		年		12	円	円	円	％	円	円	
		・　・	（　　）					12							
		・　・	（　　）					12							
		・　・	（　　）					12							
		・　・	（　　）					12							
計															

（出所）　所得税申告書の収支内訳表

図表8－2－2　法人税申告書の別表十六（一）の抜粋

別表十六(一)　平二十五・四・一以後終了事業年度又は連結事業年度分

① 旧定額法又は定額法による減価償却資産の償却額の計算に関する明細書

事業年度又は連結事業年度	・　・ ・　・	法人名	（　　）

区分	項目	番号					
資産区分	種類	1					
	構造	2					
	細目	3					
	取得年月日	4	・　・	・　・	・　・	・　・	・　・
	事業の用に供した年月	5					
	耐用年数	6	年	年	年	年	年
取得価額	取得価額又は製作価額	7	外　円	外　円	外　円	外　円	外　円
	圧縮記帳による積立金計上額	8					
	差引取得価額 (7)－(8)	9					
帳簿価額	償却額計算の対象となる期末現在の帳簿記載金額	10					
	期末現在の積立金の額	11					
	積立金の期中取崩額	12					
	差引帳簿記載金額 (10)－(11)－(12)	13	外△	外△	外△	外△	外△
	損金に計上した当期償却額	14					
	前期から繰り越した償却超過額	15	外	外	外	外	外
	合計 (13)＋(14)＋(15)	16					
当期分の普通償却限度額等（平成19年3月31日以前取得分）	残存価額	17					
	差引取得価額×5％ (9)×5/100	18					
	(16)＞(18)の場合　旧定額法の償却額計算の基礎となる金額 (9)－(17)	19					
	(16)＞(18)の場合　旧定額法の償却率	20					
	(16)＞(18)の場合　算出償却額 (19)×(20)	21	円	円	円	円	円
	(16)＞(18)の場合　増加償却額 (21)×割増率	22	（　）	（　）	（　）	（　）	（　）
	(16)＞(18)の場合　計 ((21)＋(22))又は((16)－(18))	23					
	(16)≦(18)の場合　算出償却額 ((18)－1円)×1/60	24					
当期分の普通償却限度額等（平成19年4月1日以後取得分）	定額法の償却額計算の基礎となる金額 (9)	25					
	定額法の償却率	26					
	算出償却額 (25)×(26)	27	円	円	円	円	円
	増加償却額 (27)×割増率	28	（　）	（　）	（　）	（　）	（　）
	計 (27)＋(28)	29					
	当期分の普通償却限度額等 (23)、(24)又は(29)	30					
当期分の償却限度額	特はに別よ償却る特限償度却額 租税特別措置法適用条項	31	条　項 （　）	条　項 （　）	条　項 （　）	条　項 （　）	条　項 （　）
	特別償却限度額	32	外　円	外　円	外　円	外　円	外　円
	前期から繰り越した特別償却不足額又は合併等特別償却不足額	33					
	合計 (30)＋(32)＋(33)	34					
当期償却額		35					
差引	償却不足額 (34)－(35)	36					
	償却超過額 (35)－(34)	37					
償却超過額	前期からの繰越額	38	外	外	外	外	外
	当期損金認容額　償却不足によるもの	39					
	当期損金認容額　積立金取崩しによるもの	40					
	差引合計翌期への繰越額 (37)＋(38)－(39)－(40)	41					
特別償却不足額	翌期に繰り越すべき特別償却不足額 (((36)－(39))と((32)＋(33))のうち少ない金額)	42					
	当期において切り捨てる特別償却不足額又は合併等特別償却不足額	43					
	差引翌期への繰越額 (42)－(43)	44					
	翌期への繰越額の内訳　平・・平・・	45					
	翌期への繰越額の内訳　当期分不足額	46					
適格組織再編成により引き継ぐべき合併等特別償却不足額 (((36)－(39))と(32)のうち少ない金額)		47					
備考							

法　0301－1601

御注意

1 この表には、減価償却資産の耐用年数、種類等及び償却方法の異なるごとにまとめて別行にして、その合計額を記載できますが、(1)当期の中途で事業の用に供した資産又は資本的支出、(2)租税特別措置法又は震災特例法による特別償却の規定の適用を受ける資産については、他の資産と区別して別行にして、記載してください。なお、(1)の資産（(2)の資産に該当するものを除きます。）の「34」欄の金額については、耐用年数、種類等及び償却方法を同じくする他の資産の金額と通算して「36」欄及び「37」欄の金額を記載できます。

2 租税特別措置法又は震災特例法による特別償却の規定の適用を受ける場合には、「特別償却限度額の計算に関する付表」を添付してください。

することはない。

減価償却費の過少計上額を推定することはできないが、企業の本当の収益力は評価できる。

(3) 繰越欠損金を有効利用するための減価償却費の過少計上

減価償却費を過少計上するのは粉飾のためだけではない。税理士が「繰越欠損金を有効利用」する目的で減価償却費を過少計上するようアドバイスをすることがある。税法上は合法なので、この場合は「粉飾目的の過少計上」とは位置づけられない。

なお、法人税法上の繰越欠損金とは、過去の法人所得※の赤字の合計である。この仕組みを以下、事例を用いて解説する。

※ 会計上の税引前利益に相当するが、一致するとは限らない。

	設立初年度	第2期	第3期
法人所得	▲500	▲200	＋300
法人税等	0	0	?
繰越欠損金	▲500	▲700	

上記のように事例の会社は設立初年度と第2期が赤字だった。第2期までの赤字の累積額を繰越欠損金と呼ぶ。第3期に黒字＋300に転じたとする。では、いきなり法人税が発生するだろうか。

たしかに単年度でみると黒字であるが、設立以来の合計で考えると過去の累積赤字額を解消するほどではない。そこで青色申告※を選択している場合、過去の累積赤字（繰越欠損金）を当期の損金として当期の所得から差し引ける（繰越控除）という規定がある。

※ 日本の所得税・法人税は、納税者が自ら税額を計算し納税する申告納税制度を採用している。納税者が一定水準の記帳をし、その記帳に基づいて正しい申告をする場合、所得金額の計算などについて有利な取扱いが受けられるのが青色申告の制度である。一定水準の記帳をしない場合は白色申告と呼ばれ、欠損金の繰越控除等を適用できない。

この場合、第3期の法人税等もゼロになる。繰越控除した分だけ繰越欠損金は減少する。

つまり、過去の累積赤字を解消する黒字が発生しない限り法人税は生じ

ない。

	設立初年度	第2期	第3期
法人所得	▲500	▲200	+300
繰越欠損金の繰越控除			▲300
法人税等	0	0	0
繰越欠損金	▲500	▲700	▲400

　問題はこの「繰越欠損金を繰越控除できる期間」が10年と決められていて、10年を過ぎると繰り越せなくなることである[※]。

※　2018（平成30）年4月1日前に開始した事業年度において生じた欠損金額の繰越期間は9年。

　別の事例を用いて解説する。
　第X1期に繰越欠損金がまだ400あるにもかかわらず、欠損金が発生して10年を超過してしまった場合、第X2期には繰越控除ができなくなってしまう。黒字を計上するタイミングが遅かったせいで法人税を多く負担することになってしまう。

	第X1期	第X2期
法人所得	+100	+500
繰越欠損金の繰越控除	▲100	0
法人税等	0	▲300
繰越欠損金	▲400→0	0

　第X2期の所得を第X1期に前倒しで計上すれば、期限までに繰越欠損金を使いきって法人税の負担を少なくできる。第X1期に計上するはずの減価償却費を400減らして第X2期に遅らせることによって、法人所得を前倒し計上できる。

	第X1期	第X2期
法人所得	+100→+500	+500→+100
繰越欠損金の繰越控除	▲100→▲500	0
法人税等	0	▲300→▲30
繰越欠損金	▲400→0	0

　これが「繰越欠損金を有効利用するための減価償却費の過少計上」である。

　この操作は、法人税法上は合法である。これにより法人税等の負担が減少する分だけ資金繰りも楽になる。

　ただし、減価償却費の過少計上が粉飾であることに変わりはないので、上場企業では採用できない。

　かわりに「資産を売却して売却益を発生させる」のであれば、会計上の問題も生じない。

(4) キャッシュフロー計算書には影響しない

　減価償却費の過少計上により損益計算書の利益は増えてしまうが、粉飾された損益計算書、貸借対照表から間接法でつくってもキャッシュフロー計算書の「営業活動」には影響しない。この理由については第5章第9節を参照されたい。

2　在庫の過大計上

(1) 在庫の過大計上が損益に与える影響

　ここでは在庫の過大計上について事例を用いて解説する。期首に在庫はなく、商品を1,000個仕入れたとする。そのうち、800個売れたのであれば売上原価は800個分で、残りの200個分は在庫（棚卸資産）として流動資産の部に計上される。

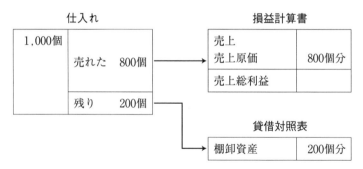

本当は200個しかないのに300個あることにする（在庫の過大計上）。すると売れた個数は（本当は800個なのに）700個になり売上原価は700個分に減少し、利益が増加する。

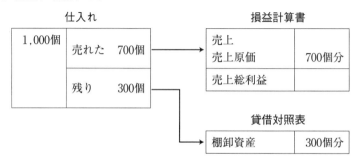

(2)「棚卸資産が毎期同じ」だったのに急増

　期末の在庫は決算日に在庫の実物の個数を数えることにより把握される。この作業を「棚卸し」と呼ぶ。棚卸しをしている間は物流を止めなければならないので製造も販売もできない。だから、期末日はラインを止める等の対応が必要になる。

　中小企業の場合、棚卸しを実施することなく決算を行うことが多い。その場合、過去に実施したときの金額のまま放置されていることが多い。つまり、「棚卸資産は毎期同じ」になってしまう。

　毎期同じだった棚卸資産が急増している場合、「在庫の過大計上による粉飾」が疑われる。検証方法としては棚卸資産の回転率の変化をみる等があるが、やはり直接的に期末間際の仕入高と照合することが確実である。「法人事業概況説明書」の裏面の「18.月別の売上高等の状況」との整合性を検証

図表8－2－3　法人事業概況説明書

14決済日等の状況	売　上	締切日		決済日		16税理士の関与状況	(1) 氏　名				
	仕　入	締切日		決済日			(2) 事務所所在地				
	外注費	締切日		決済日			(3) 電話番号				
	給料	締切日		支給日			(4) 関与状況	□申告書の作成 □調査立会 □税務相談 □決算書の作成 □伝票の整理 □補助簿の記帳 □総勘定元帳の記帳 □源泉徴収関係事務			
15帳簿類の備付状況	帳　簿　書　類　の　名　称										
						17加入組合等の状況	(役職名)				
							(役職名)				
							営業時間	開店　　時		閉店　　時	
							定休日	毎週（毎月）曜日（　　日）			

	月別	売上（収入）金額		仕入金額		外注費	人件費	源泉徴収税額	従事員数
18月別の売上高等の状況	月	千円	千円	千円	千円	千円	千円	円	千円　　人
	月								
	月								
	月								
	月								
	月								
	月								
	月								
	月								
	月								
	月								
	月								
	計								
	前期の実績								

（吹き出し）期末直前の仕入れが例年どおりなのに在庫が急増？

（出所）　国税庁ホームページ（https://www.nta.go.jp/law/tsutatsu/kobetsu/hojin/010705/pdf/0019004-098_4.pdf）

する。期末日直前の仕入金額が例年どおりだったのに在庫金額が急増した場合、在庫の過大計上の兆候である（図表8－2－3）。もちろん、急激に売上が落ちて在庫がふくらむこともある。その場合は期末間際の売上が減少しているはずである。

(3)　業種と店舗・倉庫の規模から推定

経営者の相談に乗るためにも、在庫に関しても金額だけでなく価格と数量、物理的な大きさ、保管場所を知っておくことが望ましい。たとえば昔か

らの商店街にある八百屋の在庫を考えよう。商品が生鮮食品であることから店舗にある量は1～2日分だろう。つまり回転期間を計算するまでもなく「あるべき在庫の金額」が推定できるはずだ。同じ生鮮食品を扱っていても店舗面積が広かったり大規模倉庫を保有したりしている場合、当然に在庫金額は大きくなる。

　在庫の回転期間について「業界平均と比べて」適正性の検証をすると、物理的な大きさからの「不自然さ」に気がつかなかったりする（八百屋の店頭に2週間分の売上は収まらないだろう）。経営者への質問も抽象的にならざるをえなくなるだろう。

(4) 在庫の回転期間から推定する場合の留意点

　中小企業の場合、売上と在庫とが比例関係にあるとは限らない。小規模な文房具店で考えよう。在庫は売上の増減にかかわらず、店舗面積に応じて決まるはずだ。売上が少ないからといって、陳列棚に空白をつくるわけにはいかないし、売上が増えたからといって店舗面積を増やすこともできない。

　この状況では、売上の増減と在庫の回転期間との関係は以下のようになる。

$$売上が増加：\frac{棚卸資産（一定）}{年間売上（増加）÷12カ月}　回転期間は短くなる$$

$$売上が減少：\frac{棚卸資産（一定）}{年間売上（減少）÷12カ月}　回転期間は長くなる$$

　上記のような回転期間の変化は不自然ではない。だから一律に「在庫の回転期間は大きくなる場合は棚卸資産が過大計上されている」とはいえない。逆に「在庫の回転期間が一定だから棚卸資産が過大計上されていない」とも限らない。

(5) キャッシュフロー計算書には影響しない

　在庫の過大計上により損益計算書の利益は増えてしまうが、粉飾された損益計算書、貸借対照表から間接法でつくってもキャッシュフロー計算書の

「営業活動」には影響しない。この理由については第5章第9節を参照されたい。

3 架空売上の計上

(1) 決算書への影響

架空売上90を計上すると貸借対照表の売掛金の過大計上となる。

損益計算書

売上		4,500	→4,590
売上原価		3,000	
売上総利益		1,500	1,590
販売費及び一般管理費			
（減価償却費）	250	1,550	
営業利益		▲50	+40

貸借対照表

流動資産		負債	
	10,700→10,790		2,000
固定資産		純資産	
	1,250		9,950→10,040

（注） 法人税が発生する影響は無視する。

(2) 回転期間からの検証

架空売上に伴う「架空の売掛金」は入金がないのでいつまでも売掛金に残っている。だから売掛金の回転期間が長期化する要因となる。

$$売掛金の回転期間（カ月）= \frac{売掛金（増加）}{年間売上 \div 12カ月}$$

ただし、回転期間が長くなるには延滞債権の発生等のさまざまな要因がある。また、売上が減少した分だけ架空売上を計上した場合、回転期間の長期化も起こらないことになる。

(3) 売掛金明細の検証

架空売上は売掛金明細の検証によって兆候をつかめる。本章第4節を参照されたい。

(4) 架空ではない売上の過大計上にも注意

減価償却費の過少計上は、経営者は粉飾とは思わなかった可能性がある。在庫の過大計上は「面倒だから」という怠慢の結果もありえた。しかし「架空売上の計上」は「してはならないこと」をしているとの自覚がある。

しかし「架空ではない売上の過大計上」もある。翌期の売上を前倒しに計上することである。これは経営者にしてみれば「架空の売上ではない」ので心理的障壁は低くなりがちだ。しかし、これによって翌期の売上が減少してしまう。経営者は「翌期に売上を回復させればよい」と自分に言い聞かせる。そうして前倒し計上が連鎖する。

このような事態の兆候は月次売上から読み取れることもある。決済日後の翌期当初の月次売上が不自然に減少する。

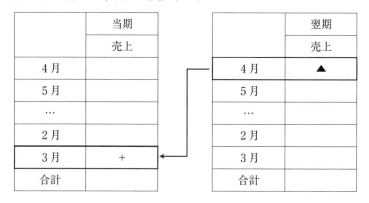

(5) キャッシュフロー計算書には影響しない

架空売上により架空売掛金を計上する場合、「営業活動によるキャッシュフロー」には影響しない（増加しない）。なぜなら売上総利益（＋）だけ売掛金が増加する（▲）からである。キャッシュフロー計算書を「下から」考えるとわかる（「下から」の意味について第5章第7節参照）。架空売上を計上しても現預金残高・借入金残高・固定資産残高に影響しない。よって現預

金の当期増減額に影響せず、財務活動・投資活動にも影響しないので、差額で求められる営業活動には影響しないことがわかる。

第3節 検証困難な粉飾

1 役員報酬と社長借入れ

　中小企業の経営者は、役員報酬を計上しながらも実態としては報酬を受け取っていないことがある。受け取ったことがないにもかかわらず役員報酬を計上する理由と、それに関連する社長借入れの実情について解説する。

(1) 儲かっていない会社が役員報酬を計上する理由

　儲かっていない会社が役員報酬を計上する理由は何か。

　第一に個人名義で借入れをする際、収入があることを説明するためである。住宅ローンや消費者金融等では源泉徴収票は必要になる。また、法人名義で借入れをする場合に、金融機関が役員個人に連帯保証するよう求めてくる。その際、役員が報酬ゼロ（無収入）だった場合、連帯保証人としての能力があるのかという問題が出てくる。

　これらの理由で経営が苦しいにもかかわらず役員報酬をゼロにはできない。

(2) 資金繰りが厳しい企業の役員報酬の実態

　資金繰りが厳しい企業は役員報酬を支払うこともできない。しかし、支払っているという「見た目」は必要だ。そこで一度役員報酬を支払って（会社名義の口座から社長個人名義の口座へ移動させる）、その直後に社長個人名義の口座から会社名義の口座へ戻す。戻す際には「会社が社長個人から借り入れた」として会社は長期借入金、いわゆる社長借入れとして記帳する。

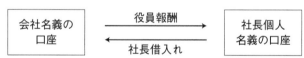

```
仕訳    役員報酬  □□//預金      □□
        預金      □□//長期借入金 □□
```

このような記帳であれば粉飾でもないし、税務上も問題はない。

しかし、実態ではこのようなことはしない。口座間の移動が面倒なので、実態は伝票操作だけで「手元現金でやりとりした」ことにする。仕訳は以下のようになる。

```
仕訳    役員報酬  □□//現金      □□
        現金      □□//長期借入金 □□
```

役員報酬も税務上は損金である。支払った実態がないのであれば損金性が認められない可能性がある。ただ「手元現金で支払った」という言い訳はできる（認められるかは別にして、である）。しかし、この二つの伝票すら手抜きして、以下のような仕訳をすることさえある。

```
仕訳    役員報酬  □□//長期借入金 □□
```

これでは役員報酬の損金性は認められない。

ここまでは「役員報酬を費用（損金）計上する」話であり、粉飾にはならない。ここから先が粉飾になる。支払った実態がなくても役員報酬を計上する分だけ利益は減り、損益計算上の損失につながってしまう。そこで以下のような仕訳にする。

```
仕訳    役員報酬  □□//雑収入（売上） □□
```

この仕訳ならいくら役員報酬を計上しても損益に影響はない。利益の過大表示ではないものの、粉飾まがいであろう。このような実態は金融機関には

説明できない。このような状況で金融機関側が「経営が苦しいなら役員報酬を減額すれば」と提案して効果はあるだろうか。「経営者の気持ちがわかっていない」といわれても仕方がないだろう。

(3) 個人名義で借り入れて会社口座に移す

業績が低迷して会社名義では金融機関から借入れできない状況に陥ると、経営者は消費者金融等から個人名義で借り入れて会社口座に移す。

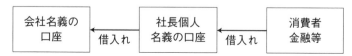

このようなケースの場合、実態は社長借入れではなく外部借入れである。また、社長自身の名義でなく配偶者名義で借り入れたとしても同様である。

ここまでは粉飾ではない。しかし、赤字が大きい会社は利益を水増しするため、会社口座に移す段階で「現金売上」とする。こうなると期末に売掛金として残らないうえ、実態として入金も存在するので発見・推定は困難になる。

法人税の申告に添付される「法人事業概況説明書」の表の最下行に「11.代表者に対する報酬等の金額」に借入金を記載する欄がある。しかし、上記のような実態があるので、この欄に記載がなくても「ない」とは限らないし、記載があっても「個人財産からの借入れ」ではなく第三者からの借入れの可能性がある（図表8－3－1）。

(4) 経営者に求められること

このように会社と社長個人の取引が不明瞭であると信用に悪影響を及ぼす。だから建前ではない「会社と個人との区分」は必要である。この区分が明確だと経営者側にもメリットがある。

「経営者保証に関するガイドライン」の記載を確認しよう。

① 法人と経営者との資産・経理が明確に区分されている。

図表８－３－１　法人事業概況説明書

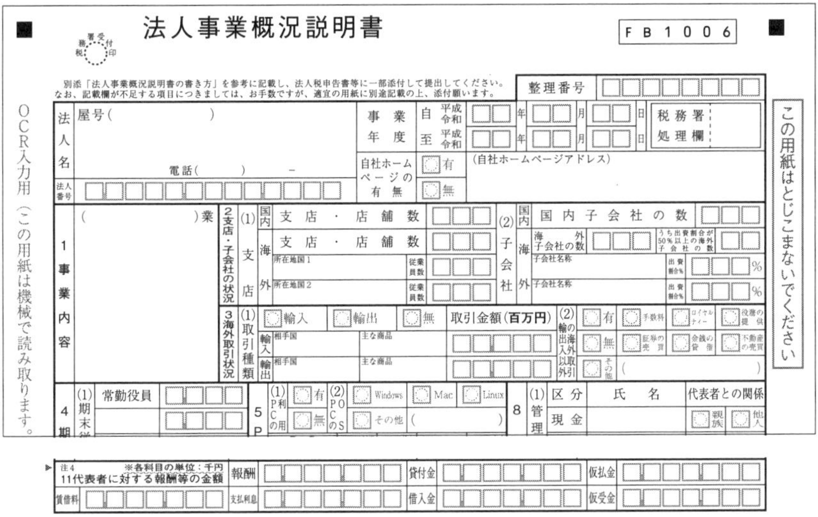
法人事業概況説明書　FB1006

別添「法人事業概況説明書の書き方」を参考に記載し、法人税申告書等に一部添付して提出してください。
なお、記載欄が不足する項目につきましては、お手数ですが、適宜の用紙に別途記載の上、添付願います。

整理番号

法人名　屋号（　　　）　電話（　　）　－

法人番号

事業年度　自　平成／令和　年　月　日　至　平成／令和　年　月　日

税務署処理欄

自社ホームページの有無　有　無　（自社ホームページアドレス）

1 事業内容　（　　　）業

2 支店・子会社の状況　(1) 支店　国内　支店・店舗数　海外　支店・店舗数　所在地国1　従業員数　所在地国2　従業員数

(2) 子会社　国内　国内子会社の数　海外　海外子会社の数　うち出資割合が50%以上の海外子会社の数　子会社名称　出資割合%

3 海外取引状況　(1) 取引種類　輸入　輸出　無　取引金額（百万円）　輸入　相手国　主な商品　輸出　相手国　主な商品

(2) 輸出入以外の取引　有　無　手数料　ロイヤルティー　役務の提供　証券の売買　金銭の貸借　不動産の売買　その他（　　　）

4 期末従　(1) 常勤役員

5 PC　(1) PC利用の有無　有　無　(2) PCのOS　Windows　Mac　Linux　その他（　　　）

8 (1) 管理　区分　氏名　代表者との関係　現金　親族　他人

注4　※各科目の単位：千円　11代表者に対する報酬等の金額　報酬　貸付金　仮払金　賃借料　支払利息　借入金　仮受金

OCR入力用（この用紙は機械で読み取ります。）

この用紙はとじこまないでください

（出所）　国税庁ホームページ（https://www.nta.go.jp/law/tsutatsu/kobetsu/hojin/010705/pdf/0019004-098_4.pdf）

② 法人のみの資産・収益力で借金返済が可能と判断しうる。

③ 法人から適時適切に財務情報等が提供されている。

上記を満たす場合、金融機関は経営者保証を求めないことや、既存の保証契約の解除などを検討することとなっている。

区分を明確にするためには会社側の記帳だけでなく、個人のライフプランの作成と実行が重要になる。ライフプランがないと「事業資金として借りたお金」で自宅を購入・増築したり、子供の教育資金に充当したりすることになりかねない。

2　関係会社を利用した粉飾

ここまで会社と社長個人との取引に関して解説してきたが、同じことが社長や親族が経営する別会社、あるいは実態のないペーパーカンパニー等との取引にも危惧される（図表８－３－２）。

当該企業の業績がよく信用に問題がないようにみえていても、融資した資

図表 8 − 3 − 2　関係者の存在と粉飾

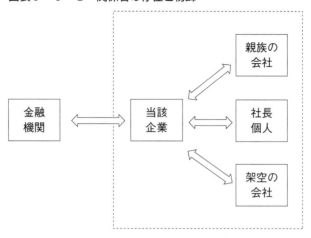

図表 8 − 3 − 3　サプライチェーンを理解する

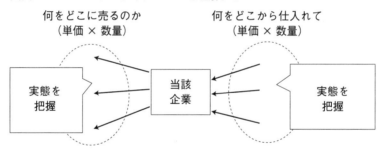

金が関係会社に流れていく可能性がある。しかもその取引が「貸付・借入れ」ではなく「仕入れ・売上」であると残高にも残らない。

　金融機関側の対策としては企業のサプライチェーンを把握することに尽きる。特に得意先・仕入先に関しては売掛金明細・買掛金明細の検証は当然のこととして、ヒアリングで「残高には残らない取引先」も実態を把握することが重要になる（図表 8 − 3 − 3）。

第4節　残高明細の検証

1　売掛金明細の読み方

　法人税申告には添付すべき所定の内訳明細※がある。税務署にとって意味があるから提出を求めている。企業評価にとっても内訳明細、特に売掛金明細は重要な情報をもたらしてくれる。それは「怪しい所を発見する」だけではなく、「経営者が取り組むべき課題」や「経営者の努力の成果」が現れるところでもある。

※　https://www.nta.go.jp/law/tsutatsu/kobetsu/hojin/010705/pdf/0023007-053_03.pdf

(1)　不足、不備のある明細

　以下の売掛金明細書の問題点を指摘できるだろうか。

科目	相　手　先		期末現在高
	名称（氏名）	所在地（住所）	
売掛金	岡島県精密		3,600,000
	宮古島化学		2,840,000
	大神島工業		1,850,000
計			8,750,000

a　所在地の重要性

　まず、売掛金相手先の所在地が記入されていないことを問題視すべきである。所在地が記載されていないとその取引先が実在するか確認できない。今時は住所さえあればネット上でその場所の風景まで確認できる※1。取引先が架空であったり、架空でなくても当該企業と所在地が同じ※2であったりすると、所在地の記入をためらうだろう。所在地が記載されていないのが普

通になっている現状では見過ごされがちであるが、「あらぬ疑い」を回避するためにも記載するよう勧めてほしい。

※1　Google社が提供する「Map」等を活用することで可能である。
※2　経営者は1社だけ経営しているとは限らない。複数の会社を経営している場合、会社間の取引には注意を払わねばならない。その危険性については第9章第3節参照。

b　売掛金明細が正確に作成できないことの危険性

次に合計が一致しているかを確認すべきである。コンピュータの出力、あるいはファイルだからといって合計が一致しているとは限らない。一致していない場合、経営者に「売掛金明細が正確に作成できない」ことの危険性を説明すべきである。もちろん、残高合計が貸借対照表と一致していることの確認をすべきことはいうまでもない。

売掛金の入金が正しくないことが原因で残高明細が不正確な場合、顧客の「倒産の兆候」を見逃すことになる。また、営業部門・経理部門がある場合、内部不正の可能性もある。

これらを検証するためには単に顧客別に「売上の計上と入金だけ」記録したのでは意味がない。決済日前の請求額から顧客別売掛金残と照合したうえでの話である。

(2)　みせたくないものは「その他」に隠す

以下の売掛金明細書の問題点を指摘できるだろうか。

科目	相　手　先		期末現在高
	名称（氏名）	所在地（住所）	
売掛金	加古川製糖	神戸市垂水区松が丘X-X-X 078-XXX-XXXX	3,600,000
	多良間造船	神戸市垂水区霞ヶ丘X-X-X 078-XXX-XXXX	2,840,000
	溝口工業	神戸市垂水区月見台X-X-X 078-XXX-XXXX	1,850,000
	その他（35社）		4,556,230
計			12,846,230

所在地が記載され、合計もあっている。注目すべきは「その他（35社）」の売掛金残高の多さである。

国税庁の記入要領には「相手先別期末現在高が50万円以上のもの（50万円以上のものが5口未満のときは期末現在高の多額なものから5口程度）については各別に記入し、その他は一括して記入してください」とあるので記載として違反はしていない。「不自然が明らか」とまではいえないが、もし「表に出したくない売掛金残高」があったら経営者はどこに表示するかを考えるべきである。「35社で4,556,230円だから1社当りは20万円未満」などと推論してはならない。1社で200万円を越えるものが混入しているかもしれない。

特に「その他」の金額が前年比で大きく増加している場合には要注意である。

以下の売掛金明細書の問題点を指摘できるだろうか。

科目	相手先		期末現在高
	名称（氏名）	所在地（住所）	
売掛金	風理恵工業	神戸市垂水区舞子台X-1-2 078-XXX-XXXX	6,573,045
	殖間化学	神戸市垂水区舞子台X-2-2 078-XXX-XXXX	5,432,127
	老良工業	神戸市垂水区舞子台X-2-5 078-XXX-XXXX	3,909,232
	その他（10社）		2,450,000
計			18,364,404

これも「その他（10社）」が問題である。

売掛金上位の金額が1円単位まで記載されているのに、その他は金額が1万円単位なのは不自然であろう。

(3) 何年も金額が変わらない

以下の売掛金明細書の問題点を指摘できるだろうか。

		5年前	現在
売掛金	てんそる社	7,803,212	6,573,045
	保型化学	5,555,201	5,432,127
	ブラ&ケット	4,918,232	3,909,232
	モジュラー技研	344,252	344,252
計		18,620,897	16,258,656

　売掛金の明細を5年前と比較するとわかることもある。モジュラー技研の売掛金の金額が5年前と変化がない。このような場合、不良債権の可能性がある。

　また、5年前と取引先に変化がない。業績が低迷しているのであれば新規顧客開拓が必要なのかもしれない。

(4) **経営者の努力こそ見落としてはならない**

　売掛金明細を別の観点からみよう。以下、事例を用いて解説する。下記から経営者の経営努力を指摘できるだろうか。

相手先	5年前	現在
昼ベルト	3,400,000	2,900,000
場那覇	2,200,000	2,000,000
岩澤工務店	1,800,000	1,600,000
…	…	…
望月ABC	0	500,000
合計	8,000,000	7,800,000

　この事例は「問題点の指摘」ではなく「経営努力の指摘」が主題であることに注意してほしい。5年前には存在しなかった望月ABCが登場している。金額的にはわずかであるが、経営者が新規顧客開拓の努力をした結果なのかもしれない。こうした経営者の努力を見落としてはならない。努力している経営者に称賛を惜しんではならない。

⑸ 経営危機から始めるのでは遅い

もう一つ、事例をみよう。下記から、経営者のどのような経営努力が指摘できるだろうか。

	5年前		現在	
売掛金	キール	33,009,000	バウ	23,444,000
	ハル	5,332,113	ミジップ	12,840,000
	バウ	3,214,990	スターン	8,441,090
	…	…	…	…
合計		52,312,111		50,112,343

　これは「経営努力が驚異的な結果をもたらしたケース」である。売掛金の上位2社が消失し、新たな取引先が上位に登場している。もし、顧客開拓に失敗していたらこの企業は存続できていなかったかもしれない。このような努力は「取引額が細り始めてから」では間に合わない。顧客開拓はすぐ結果が得られるようなものではない。「普段からの顧客開拓の努力」が、この危機的状況を乗り越えさせたと理解すべきであろう。逆にいえば既存の顧客に頼り切って新規開拓を怠っていると、この危機は乗り越えられなかったということである。

2　買掛金明細の読み方

　買掛金明細の検証は売掛金明細と異なる。利益の過大計上（粉飾）の検証という観点からは、売掛金（資産）は「過大計上されていないか、架空のものが混入されていないか」を検証しなければならないのに対して、買掛金（負債）は「過少計上されていないか、簿外になっているものはないか」を検証しなければならない。だから買掛金明細に「計上されているもの」をいくら検証しても「そこにないものを発見する」のは困難である。そこでアプローチを変える必要がある。

⑴　サプライチェーンの理解が発見のきっかけになる

　まず、買掛金を検証するためだけではなく経営者を理解するために「商品

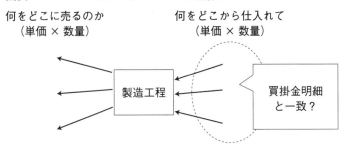

図表8-4-1 サプライチェーンを理解する

の仕入れから販売、あるいは製品の原材料・部品の調達から販売までの一連の流れ」、すなわちサプライチェーンを具体的に聞き取りすることが重要である（図表8-4-1）。

このサプライチェーンをできる限り詳細に理解すること、具体的には「何をどこからいくらで何個仕入れて、何をどこにいくらで何個売るか」を知ることが基本になる。これらの情報が経営改善の相談のベースになる。

また、これらの情報があれば「買掛金明細に載るべき仕入先が欠落している」ことの発見につながる。

(2) 期ズレによる買掛金の過少計上、売上の過大計上

取引先まるごとを隠すというのは困難であり、ためらわれるものである。実務で買掛金の過少計上で行われるのは期ズレである。「仕入れ//買掛金」という仕訳は発生主義で、仕入れた商品・原材料が到着した時点で計上しなければならない。「期ズレによる過少計上」とは決算日末の月の仕入れを翌月（翌期）の仕入れにしてしまうことである。これは計上時期を遅らせるだけなので「心理的な壁」も低い。

「期ズレによる過少計上」の兆候は買掛金の回転期間の変化でも推定できるが、直接的には「法人事業概況説明書」の裏面の「18.月別の売上高等の状況」で推定できる。決算日直前の月の仕入れが他の月よりも極端に少ない場合がその兆候である（図表8-4-2）。

「期ズレ」は売掛金の過大計上にも利用される。本来翌月（翌期）に計上すべき売上を前倒しにして当期に計上する。これは「実際に存在する売上を

図表8−4−2　法人事業概況説明書

14決済日等の状況	売上	締切日		決済日		16税理士の関与状況	(1)氏名	
	仕入	締切日		決済日			(2)事務所所在地	
	外注費	締切日		決済日			(3)電話番号	
	給料	締切日		支給日			(4)関与状況	◯申告書の作成　◯調査立会　◯税務相談 ◯決算書の作成　◯伝票の整理　◯補助簿の記帳 ◯総勘定元帳の記帳　◯源泉徴収関係事務
15帳簿類の備付状況	帳簿書類の名称					17加入組合等の状況	(役職名)	
							(役職名)	
							営業時間　開店　時　閉店　時	
							定休日　毎週（毎月）曜日（　　日）	

	月別	売上(収入)金額	仕入金額	外注費	人件費	源泉徴収税額		従事員数
18月別の売上高等の状況	月	千円	千円	千円	千円	千円	円	千円	人
	月							
	月							
	月							
	月							
	月							
	月							
	月							
	月							
	月							
	月							
	月							
	計							
	前期の実績							

（出所）　国税庁ホームページ（https://www.nta.go.jp/law/tsutatsu/kobetsu/hojin/010705/pdf/0019004-098_4.pdf）

早めに計上するだけ」という言い訳で踏み込んでしまいがちである。

　これは上場企業にも起こりうる。経営陣に利益操作の意図はなくても、各部門責任者が目標利益に到達しない場合に「期ズレによる売上（売掛金）の過大計上」の誘惑にさらされる。

　売掛金の期ズレも「18.月別の売上高等の状況」で推定できる。決算日直前の月の売上が他の月よりも極端に多い場合がその兆候である。

第5節 資金計画の見方

1 資金計画の重要性

図表8－5－1は「資金繰表」と呼ばれる書式（例）である。

資金計画はこうした書式に沿って作成、計画される。預金通帳等だけから作成されるので、中小企業経営者にとっては「もっともわかりやすい資金計画」であろう※。

※ 後述する資金運用表・資金移動表は貸借対照表、損益計算書から作成されるので「間接法により作成されたキャッシュフロー計算書」に対応する。本節5（資金運用表、資金移動表）で解説する。

経営計画として「3年分の予想損益計算書」を作成されることが多い。しかし、第5章で解説したように損益計算書には以下のような欠点がある。

予想損益計算書	資金繰計画
固定資産の取得費がわからない	経常外支出に表示
借入金元本の返済負担がわからない	財務収支に表示
「黒字」だからといって倒産しないとはいえない	現預金残がゼロ（計画でマイナス）になったら破綻

これらの欠点を補うのがキャッシュフロー計算書であると解説した。前掲の資金繰表は区分の名称が異なるだけで「キャッシュフロー計算書」そのものである（図表8－5－2）。

ただし、資金計画だけでは当期純利益が計算できないので法人税等が予想できないという欠点もある。

図表 8-5-1 資金計画の書式例（資金繰表）

			月実績	月予定	月予定
	前 月 よ り 繰 越 (A)				
経常収支	収入	現 金 売 上			
		売 掛 金 現 金 回 収			
		（売掛金手形回収）	(　)	(　)	(　)
		手 形 割 引			
		（割 引 手 形 落 込）	(　)	(　)	(　)
		手 形 期 日 入 金			
		前 受 金			
		そ の 他			
		収 入 計 (B)			
	支出	現 金 仕 入			
		買 掛 金 現 金 支 払			
		（買掛金手形支払）	(　)	(　)	(　)
		支 払 手 形 決 済			
		人 件 費			
		諸 経 費			
		支 払 利 息・割 引 料			
		前 渡 金			
		そ の 他			
		支 出 計 (C)			
	差引過不足(D)=(B)-(C)				
設備関係等の収支	収入	有 形 固 定 資 産 売 却 収 入			
		有 価 証 券 売 却 収 入			
		そ の 他 収 入			
		収 入 計 (E)			
	支出	設 備 資 金 支 払			
		有 価 証 券 購 入			
		決 算 資 金 支 出			
		そ の 他 支 出			
		支 出 計 (F)			
	差引過不足(G)=(E)-(F)				
財務収支	収入	増 資			
		社 債 発 行			
		短 期 借 入 金			
		長 期 借 入 金			
		収 入 計 (H)			
	支出	社 債 償 還			
		短 期 借 入 金 返 済			
		長 期 借 入 金 返 済			
		支 出 計 (I)			
	差引過不足(J)=(H)-(I)				
翌 月 へ 繰 越 (A)+(D)+(G)+(J)					
売 上 高					
仕 入 高					
月末残高		受 取 手 形			
		（内 割 引 手 形）	(　)	(　)	(　)
		売 掛 金			
		た な 卸 資 産			
		支 払 手 形			
		買 掛 金			
		短 期 借 入 金			
		長 期 借 入 金			

（出所）「3カ月マスター財務コース第3分冊」（金融財政事情研究会）

図表 8 − 5 − 2　資金繰表とキャッシュフロー計算書の対応

資金繰表	キャッシュフロー計算書
経常収支	営業活動
経常外収支	投資活動
財務収支	財務活動

（注）　会計基準に準拠した「正しいキャッシュフロー計算書」には「3カ月を越える定期性預金は現預金としない」「手形の割引は借入れではなく、売上債権の回収として扱う」という実務とは乖離した規定のため、資金繰表とは異なる。予想・計画は会計基準に拘泥する必要はない。

2　資金計画のチェック方法

　経営者から提出された資金計画をチェックするには、「経営者の立場」で考えることが必要である。融資を受けるために提出する資金計画において「現預金残がマイナス」にはできない。苦しい中小企業は預金残がマイナスにならないようにどこかで「つじつま合せ」をしなければならない[※]（図表 8 − 5 − 3 ）。

※　万一現預金残がマイナスのまま提出されたら、経営者は「資金計画の意味がわかっていない」か「嘘がつけない」のどちらかであろう。

　主なチェックポイントをあげよう。
　　① 　繰越金が「ぎりぎりゼロ」になっていないか。
　　② 　経常収支を実績と比較する。
　　③ 　経常外支出が少なくないか。
　　④ 　財務収支に「根拠のない借入れ」がないか。
　　⑤ 　計画を実績と比較する。

(1)　【チェックポイント1】繰越金が「ぎりぎりゼロ」になっていないか

　中小企業の場合、現預金残は「現預金月商比率で2カ月」という目安があるが、実態にあわせた資金計画を作成して預金残がマイナスになった場合、中小企業経営者は心理的に「大幅にプラスに調整」はできない[※1]。した

図表 8 − 5 − 3　資金繰表の主な要素

	3月実績	4月予定	5月予定
前月繰越金			
経常収支			
経常外収支			
財務収支			
翌月繰越金			

がって「ぎりぎりゼロ」の付近の経常収支、財務収支に注目し不自然な点※2がないかを検証すべきである。

「ぎりぎりゼロ」の計画の場合、予想・計画どおりにはいかないはずなので、資金繰りに窮して「いま融資がなければ倒産する」と泣きつく事態になりかねない。

※1　「大幅にプラスに調整」してある場合の検証方法は後述する。
※2　どうやって「不自然」と判断するかは後述する。

(2)　【チェックポイント2】経常収支を実績と比較する

預金残をマイナスにしないために経常収支を多めにすることがある。その場合、前年実績との比較で「不自然に多い」ことが判明する。もちろん、根拠があって増加することを計画しているのであれば問題ない。その場合、その「根拠」をヒアリングする必要がある。

(3)　【チェックポイント3】経常外支出が少なくないか

製造業において経常外支出（固定資産への支出）は「増産のための投資」だけではない。

現状の生産能力を維持するための支出（更新投資）が必要である。これも前年実績に比べて異常に少なくないかを検証する。

(4)　【チェックポイント4】財務収支に「根拠のない借入れ」がないか

まず、現有の長期借入金の返済スケジュールが財務収支に反映されていることを確認する。

計画において「現預金がマイナス」になるのを解消するために最も安直なのが「不足分を借入れで補う」ことである。なぜなら経常収支（売上や諸経費）を操作するには手間がかかるからである。

運転資金需要が増大したわけでもないのに短期借入れがあったり、固定資産の取得があるわけでもないのに長期借入れがあったりした場合には要注意である。

(5) 【チェックポイント５】計画を実績と比較する

案外、見落とされがちなのが実績との比較である。

「計画を提出してもらった段階では実績とは比較できない」と思い込みがちであるが、決算書と同時に資金計画を提出してもらうタイミングではすでに計画の２カ月を経過しているのが通常である。「実績と比較」といっても経常収支の内訳を精査する必要はない。預金通帳の月末残高と照合するだけで十分である。

無理な計画の場合、４月予定、５月予定の預金残高と乖離しているはずである。

	３月実績	４月予定	５月予定
…			
翌月繰越金			

３月決算の場合、この部分は実績と照合可能

3 「指摘ではなく、経営者を褒める」態度が肝要

ここまで「騙されないように注意を」という論調で解説してきたが、経営者と向き合うにはきわめて不適切な姿勢である。金融機関は、脱税を摘発する税務署や、粉飾を暴く公認会計士とは違う。苦しい経営を背負いながらなんとかしようと頑張る経営者を応援するのが仕事である。

金融機関は、経営者にとって「呼び出されたから行く」場所ではなく、「相談に行ってよかった」と感じてもらう場所でなければならない。そのた

めには経営者の努力を見落とさず、称賛する態度を保たねばならない。

　これまで「提出された資金計画を検証する」ことについて解説してきたが、そのためには「経営者に資金計画を作成してもらう」必要がある。時間を割いて計画表を作成し提出したら「ここがおかしい、あそこが変だ」といわれるだけなら提出する気も失せるだろう。

　多少正確性に問題があったとしても「資金計画を作成した」ことを褒めることから始めよう。中小企業の経営者は金融機関に褒められる経験などないのが普通だ。

4　具体的な「目利き力」

　金融庁が金融機関に対して「目利き力」[※1]を発揮するように求めている。金融庁が求めている「目利き力」とは端的には「担保・補償に頼らない融資」[※2]を実行できる能力といえよう。

※1　金融庁「金融機関の目利き力発揮による知的財産の活用・企業価値の向上について」(https://www.kantei.go.jp/jp/singi/titeki2/tyousakai/kensho_hyoka_kikaku/2018/sangyou/dai2/siryou3-2.pdf)
※2　金融庁「金融仲介機能のベンチマークについて〜自己点検・評価、開示、対話のツールとして〜」2016年（https://www.fsa.go.jp/news/28/sonota/20160915-3.html）

　「目利き力」という漠然とした表現や、それにつれて登場した「事業性評価」や「ビジネスモデル」に戸惑いが広がったと思う。

　さまざまな見解があるだろうが、筆者の考える「目利き力」は資金計画をめぐる経営者との対話のときに発揮される。対話といっても経営理念といった抽象的なものではない。テーマは資金計画における「売上の裏付け」である。計画が実現できるかは、計画された売上が達成できるかにかかっている。

　筆者は特定の領域のコンサルティング能力を有しないので「売上を伸ばすための方法」を伝授できない。すべての金融機関職員にそれを求めるのも酷であろう。できるのは「経営者が、どこまで真剣に考え、実行しているか」を聞くことだけである。

　経営者に「売上を増やすために」という観点で聞くべきことは以下の事柄

である。
- 何を（商品・製品）
- だれに（顧客）
- どうやって（販路）
- どこで（販売拠点）
- いつ（営業時間）
- 1日（1カ月）に何個（販売個数）

　もちろん、全部の要因について答えてもらう必要はないが、少なくとも経営者は「何を（商品・製品）、1日（1月）に何個（販売個数）売るか」について答えを用意していなければならない。

　真剣に取り組んでいる経営者からの理想とする答えは主に以下であろう。
- 新製品を開発している
- 顧客開拓中である
- 販売経路（デリバリー、ネット通販等）を拡大中である

これらに向けて活動していることである。

　数字のつじつま合せだけの資金計画であれば、経営者には答えられない問いかけであろう。これは「真剣に考えていない経営者をあぶりだす」ための質問ではない。経営者がまだ考えていないのであれば「考えてもらうきっかけ」にしてほしいのである。

　融資の可否ではなく、事業を継続するために必要なことで、「なんとかなる」まで「何もしない」のでは存続はむずかしい。

5　資金運用表、資金移動表

　これまで解説したキャッシュフロー計算書と資金繰表のほかに資金運用表、資金移動表がある。

　資金繰表・資金運用表・資金移動表は「資金三表」と呼称される。いずれも「現預金残高の増加」の要因を示したもので、書式・配置が異なるだけである。

　原理的には「間接法により作成されたキャッシュフロー計算書」を並び替

えることで説明できる。

下記の数値例からキャッシュフロー計算書、資金運用表、資金移動表を作成しよう。

キャッシュフロー計算書以外、法定の様式はないのでさまざまなバリエーションがある。

(1) 間接法の原理

間接法とは貸借対照表、損益計算書からキャッシュフロー計算書を作成する方法である。

以下の貸借対照表を用いて解説する。

	前期末	当期末	増加 (▲減少)		前期末	当期末	増加 (▲減少)
現預金	120	150	30	負債	620	1,100	480
現預金以外の資産	1,000	1,500	500	純資産	500	550	50
合計	1,120	1,650	530	合計	1,120	1,650	530

貸借対照表では常に以下が成立する。

> 資産＝負債＋純資産

これを当てはめると以下のようになる。

> 前期末　資産1,120＝負債620＋純資産500
> 当期末　資産1,650＝負債1,110＋純資産550

上記から、以下のことがわかる。

> 資産の増加530＝負債の増加480＋純資産の増加50

次にこれを分解する。資産を「現預金」と「現預金以外の資産」とに分け

よう。

> 現預金の増加30＋「現預金以外の資産」の増加500
> ＝負債の増加480＋純資産の増加50

いま、知りたいのは「現預金の増加」であるから、以下のように移項する。

> 現預金の増加30
> 　＝▲「現預金以外の資産」の増加▲500＋負債の増加480
> 　＋純資産の増加50

これを表にすると以下のようになる。

現金以外の資産の増加	▲500
負債の増加	＋480
純資産の増加	＋50
現預金の増加	＋30

(2) 資産・負債を細かく表示する

ここで、「現預金以外の資産」と負債をもう少し細かく表示しよう。

	前期末	当期末	増加		前期末	当期末	増加
現金	120	150	30	仕入債務	300	350	50
売上債権	300	640	340	借入金	320	750	430
在庫	300	400	100	純資産	500	550	50
固定資産	400	460	60				
合計	1,120	1,650	530	合計	1,120	1,650	530

また、純資産の増加は当期純利益から配当を差し引いた金額と一致する。

> 純資産増加額＝当期純利益－配当

以上から、上記(1)で述べた現預金の増加要因の内訳は以下のようになる。

		内訳	
現金以外の資産の増加	▲500	売上債権の増加	▲340
		在庫の増加	▲100
		固定資産の増加	▲60
負債の増加	＋480	仕入債務の増加	＋50
		借入金の増加	＋430
純資産の増加	＋50	当期純利益	＋57
		配当	▲7
現預金の増加	＋30	現預金の増加	＋30

次に非支出項目である減価償却費を取り消す。これにより「今期の設備投資に要した支出額」を把握できる。この詳細は第5章第5節を参照されたい。

売上債権の増加	▲340	売上債権の増加	▲340
在庫の増加	▲100	在庫の増加	▲100
固定資産の増加	▲60	固定資産の増加	▲60
		減価償却費	▲33
仕入債務の増加	＋50	仕入債務の増加	＋50
借入金の増加	＋430	借入金の増加	＋430
当期純利益	＋57	当期純利益	＋57
		減価償却費	＋33
配当	▲7	配当	▲7
現預金の増加	＋30	現預金の増加	＋30

この表をどう並べ替え、分類するかによってキャッシュフロー計算書、資金運用表、資金移動表に分かれる。

(3) キャッシュフロー計算書への並べ替え

まず、キャッシュフロー計算書の様式に並べ替えよう。

売上債権の増加		▲340
在庫の増加		▲100
固定資産の増加		▲60
減価償却費		▲33
仕入債務の増加		＋50
借入金の増加		＋430
当期純利益		＋57
減価償却費		＋33
配当		▲7
現預金の増加		＋30

営業活動	当期純利益		＋57
	減価償却費		＋33
	売上債権の増加		▲340
	在庫の増加		▲100
	仕入債務の増加		＋50
投資活動	固定資産の増加		▲60
	減価償却費		▲33
財務活動	借入金の増加		＋430
	配当		▲7
	現預金の増加		＋30

ただし、会計基準によればキャッシュフロー計算書は「3カ月を超える預金」は現預金同等物としない等の特異な取決めが存在する。ここではそのような要素はないものと仮定する。

(4) 資金運用表への並べ替え

次に資金運用表の様式に並べ替えよう。

売上債権の増加		▲340
在庫の増加		▲100
固定資産の増加		▲60
減価償却費		▲33
仕入債務の増加		＋50
借入金の増加		＋430
当期純利益		＋57
減価償却費		＋33
配当		▲7
現預金の増加		＋30

⇒

固定資金	配当	▲7
	固定資産の増加	▲60
	減価償却費	▲33
	当期純利益	＋57
	減価償却費	＋33
運転資金	売上債権の増加	▲340
	在庫の増加	▲100
	仕入債務の増加	＋50
財務資金	借入金の増加	＋430
	現預金の増加	＋30

資金運用表が資金繰表や資金移動表と異なるのは運転資金を前面に押し出して独立掲記している点だろう。

　三つの段階をさらに運用と調達に分ける。調達側が「＋」、運用側が「▲」になっている点に注目すれば理解できるだろう。

	運用		調達	
固定資金	配当 固定資産の増加 減価償却費	▲7 ▲60 ▲33	当期純利益 減価償却費	＋57 ＋33
運転資金	売上債権の増加 在庫の増加	▲340 ▲100	仕入債務の増加	＋50
財務資金			借入金の増加	＋430
	現預金の増加	＋30		

　初学者が資金運用表でつまずくのは、各段階で小計に名称を与え、最後の段階に引き継いでいく次の段階かもしれない。

	運用		調達	
固定資金	配当 固定資産の増加 減価償却費	7 60 33	当期純利益 減価償却費 （小計）固定資金不足	57 33 10
運転資金	売上債権の増加 在庫の増加	340 100	仕入債務の増加 （小計）運転資金不足	50 390
財務資金	現預金の増加 （小計）固定資金不足 （小計）運転資金不足	30 10 390	借入金の増加	430
	計	430	計	430

　なお、固定資金は長期資金と表示されることもある。また、固定資金より運転資金を上に配置することもある。

	運用	調達
運転資金		
長期資金（固定資金）		
財務資金		

(5) 資金移動表への並べ替え

資金移動表の場合、当期純利益を損益計算書の各勘定に分解して細かく表示する。

いままで用いてきた事例の損益計算書を表示しよう。

売上	2,500
売上原価	▲1,230
販管費	▲1,213
当期純利益	57

上記を現預金の増加要因の内訳に組み込む。

売上債権の増加	▲340
在庫の増加	▲100
固定資産の増加	▲60
減価償却費	▲33
仕入債務の増加	+50
借入金の増加	+430
当期純利益	+57
減価償却費	+33
配当	▲7
現預金の増加	+30

⇒

売上債権の増加	▲340
在庫の増加	▲100
固定資産の増加	▲60
減価償却費	▲33
仕入債務の増加	+50
借入金の増加	+430
売上	2,500
売上原価	▲1,230
販管費	▲1,213
減価償却費	+33
配当	▲7
現預金の増加	+30

上記を資金移動表の順に並べ替えればよい。

売上債権の増加	▲340
在庫の増加	▲100
固定資産の増加	▲60
減価償却費	▲33
仕入債務の増加	+50
借入金の増加	+430
売上	2,500
売上原価	▲1,230
販管費	▲1,213
減価償却費	+33
配当	▲7
現預金の増加	+30

経常収入	売上	2,500
	売上債権の増加	▲340
経常支出	売上原価	▲1,230
	在庫の増加	▲100
	仕入債務の増加	+50
	販管費	▲1,213
	減価償却費	+33
経常外収入	借入金の増加	+430
経常外支出	固定資産の増加	▲60
	減価償却費	▲33
	配当	▲7
	現預金の増加	+30

なお、「経常外収支」を「財務収支（財務活動に相当）」「設備関係支出（投資活動に相当）」「法人税等支払額」と、「配当」を「決算収支」として区分する方法もある。

資金繰表が「直接法によるキャッシュフロー計算書の作成」に対応するのに対して、資金移動表は貸借対照表、損益計算書から作成されるので「間接法によるキャッシュフロー計算書の作成」に対応すると考えられるだろう。

(6) **資金運用表、資金移動表、キャッシュフロー計算書の比較**

もう少し複雑な事例で資金運用表、資金移動表、キャッシュフロー計算書を比較しよう（図表8－5－4～8－5－7）。いずれも「現金・預金」が前期380（百万円、以下同）から当期375になり5だけ減少している要因を表示していることがわかるだろう。

(7) **どの形式を採用すべきか**

キャッシュフロー計算書、資金繰表、資金運用表、資金移動表の主旨は同じなので、利用者（経営者、金融機関）の目的に応じたもの、使い慣れたものを選べばよい。

金融機関側が実績（過去）の1年間分の資金状況をみるのであれば、貸借対照表、損益計算書から作成できる間接法のキャッシュフロー計算書、資金運用表、資金移動表が便利である。経営者に追加的な資料の作成・提出を求

図表8－5－4　A社の貸借対照表・損益計算書

A社38期・39期貸借対照表

(単位：百万円)

資産の部	38期	39期	負債・純資産の部	38期	39期
現金・預金	380	375	支払手形	440	460
受取手形	480	500	買掛金	185	185
売掛金	190	185	短期借入金	20	30
貸倒引当金	▲6	▲5	割引手形	390	370
商品	123	126	未払法人税等	26	20
その他流動資産	53	55	その他流動負債	7	9
(流動資産計)	(1,220)	(1,236)	(流動負債計)	(1,068)	(1,074)
土地・建物	240	230	長期借入金	260	250
設備資産	60	64	退職給付引当金	14	16
(有形固定資産計)	(300)	(294)	(固定負債計)	(274)	(266)
無形固定資産	40	40	資本金	80	80
投資その他の資産	120	120	利益準備金	16	18
(固定資産計)	(460)	(454)	任意積立金	200	205
			繰越利益剰余金	42	47
			(純資産計)	(338)	(350)
資産合計	1,680	1,690	負債・純資産合計	1,680	1,690

A社38期・39期損益計算書

(単位：百万円)

	38期	39期
売上高	2,760	2,640
売上原価	2,210	2,110
売上総利益	550	530
販売費・一般管理費	500	490
(うち減価償却費)	(16)	(15)
営業利益	50	40
営業外収益	25	25
営業外費用	24	25
(うち支払利息・割引料)	(22)	(21)
経常利益(税引前当期純利益)	51	40
法人税、住民税及び事業税	26	20
当期純利益	25	20

(注)　割引手形は両建計上している。
(出所)　「3カ月マスター財務コース第3分冊」(金融財政事情研究会)

めなくてすむ点が大きい。

　一方で「将来の計画」を「月次で作成する」となると資金繰表が現実的である。間接法によるキャッシュフロー計算書、資金運用表、資金移動表を月次に作成するためには、月次の予想貸借対照表・予想損益計算書を作成しなければならないからである。

　筆者が中小企業経営者に資金計画作成をアドバイスする場合、資金繰表を選択する。経営者にとって最もわかりやすいので、計画を作成しやすい。そして最も重要な点であるが「計画と実績の月次比較」が容易である。資金運用表、資金移動表で月次の計画を作成し、かつ実績と比較するのは煩雑であろう。

図表8－5－5　A社の資金運用表

(単位：百万円)

	運用		調達	
固定資金	税金支払	26	税引前当期純利益	40
	配当金支払	8	減価償却費	15
	設備投資	9	退職給付引当金増加額	2
	長期借入金返済額	10		
	固定資金余剰	4		
	合計	57	合計	57
運転資金	売上債権増加額	15	仕入債務増加額	20
	商品在庫増加額	3	その他流動負債増加額	2
	その他流動資産増加額	2		
	貸倒引当金減少額	1		
	運転資金余剰	1		
	合計	22	合計	22
財務資金	割引手形減少額	20	短期借入金増加額	10
			現金・預金減少額	5
			運転資金余剰	1
			固定資金余剰	4
	合計	20	合計	20

(出所)　「3カ月マスター財務コース第3分冊」27頁（金融財政事情研究会）

図表 8 - 5 - 6　A社の資金移動表

```
A社の39期の資金移動表                        （金額単位：百万円）
【経常収支の部】
 (1) 経常収入
     売上高                          2,640
     売上債権増加高           (-)      15
     売上収入                                      2,625
     営業外収入                                       25
     経常収入合計                                  2,650
 (2) 経常支出
     売上原価                         2,110
     商品増加高                           3
     当期商品仕入高                    2,113
     仕入債務増加高           (-)      20
     仕入支出                                      2,093
     販売費および一般管理費             490
     減価償却費               (-)      15
     引当金増加額             (-)       1
     販売費および一般管理費支出                     474
     営業外支出                                       25
     経常支出合計                                  2,592
     経常収支尻                                      58
【経常外収支の部】
 (3) 経常外収入
    （財務収入）
     短期借入金増加額                   10
     財務収入合計                                    10
     経常外収入合計                                  10
 (4) 経常外支出
    （決算・設備関係支出）
     税金                              26
     配当金                              8
     決算関係支出                                    34
     設備投資                                         9
     決算・設備関係支出合計                          43
    （財務支出）
     割引手形減少額                     20
     長期借入金減少額                   10
     財務支出合計                                    30
     経常外支出合計                                  73
     経常外収支尻                                  ▲63
     総合収支尻（経常収支尻＋経常外収支尻）        ▲5
```

（出所）「3カ月マスター財務コース第3分冊」41頁（金融財政事情研究会）

図表8－5－7　A社のキャッシュフロー計算書（間接法）

```
Ⅰ．営業活動によるキャッシュフロー
  税金等調整前当期純利益              40
  減価償却費                         15 ┐
  貸倒引当金の増加額                  ▲1 ├資金移動表と同じ
  退職給付引当金の増加額               2 ┘
  受取利息および受取配当金等       (－)25 ┐損益計算書の金額を
  支払利息等                         25 ┘いったん取り消す
  売上債権の増加額                (－)35 ←売上債権増加15＋割引手形減少20
  たな卸資産の増加額               (－) 3 ┐
  仕入債務の増加額                   20 ┘資金移動表と同じ
    小     計                      38
  利息および配当金の受取額等          25 ┐収入・支出金額で再計上する
  利息の支払額等                 (－)25 ┘
  法人税等の支払額               (－)26 ←資金移動表と同じ
営業活動によるキャッシュフロー①        12
Ⅱ．投資活動によるキャッシュフロー
  有形固定資産の取得による支出    (－) 9 ←資金移動表と同じ
  投資活動によるキャッシュフロー②    ▲9
Ⅲ．財務活動によるキャッシュフロー
  短期借入れによる収入               10 ┐
  長期借入金の返済による支出     (－)10 ├資金移動表と同じ
  配当金の支払額                (－) 8 ┘
財務活動によるキャッシュフロー③       ▲8
Ⅳ．現金および現金同等物の増加額④     ▲5
  (①＋②＋③)
Ⅴ．現金および現金同等物の期首残高⑤   380 ←期首現金・預金残高
Ⅵ．現金および現金同等物の期末残高④＋⑤ 375 ←期末現金・預金残高
```

（出所）「3カ月マスター財務コース第3分冊」54頁（金融財政事情研究会）をもとに筆者作成

第9章
大企業固有の問題

第1節　最適資本構成

Level 2

1　上場企業の無借金経営は厳しい

　上場企業経営者にとって資本とは「返済の必要のない資金」ではない。また、自己資本の「自己」は経営者を意味しない。経営者にとって資本とは借入れ（負債）よりも調達条件が厳しく、むやみに利用したくない資金調達方法である。以下、事例を用いて解説する。

　経営者の甲氏と乙氏は事業面に関して以下の能力（実績）を有している。

	甲氏	乙氏
ROA（資産営業利益率）	10%	8%
売上高営業利益率	5%	4%

　事業面に関して甲氏の経営能力が優れているといえる。そこで投資家（株主）のY氏は1,000億円出資しA社を設立し甲氏を社長に就任させた。また、200億円を出資しB社を設立、乙氏を社長に就任させた。

　A社は無借金で資産1,000億円を運用、B社は800億円を金利4％で借入れし、A社と同じ資産1,000億円を運用することになった。

```
   A社（甲氏）期首                B社（乙氏）期首
資産  1,000 | 負債      0    資産  1,000 | 負債    800
            | 純資産 1,000               | 純資産  200
```

期首の資産に対してROAだけ営業利益が発生するものとする。

$$資産 \times ROA = 資産 \times \frac{営業利益}{資産} = 営業利益$$

設立初年度の結果は以下のとおりだったとしよう。

	甲氏	乙氏
資産	1,000億円	1,000億円
ROA（資産営業利益率）	10%	8%
営業利益	100億円	80億円

A社		B社	
売上	2,000	売上	2,000
営業利益	100	営業利益	80
支払利息	0	支払利息	32
税引前利益	100	税引前利益	48
法人税等	30	法人税等	14.4
当期純利益	70	当期純利益	33.6

売上は同じ2,000億円であったが、当期純利益はA社のほうが倍近くになった。主要な財務比率を比較しよう。

		A社	B社
収益性	売上高営業利益率	5%	4%
	ROA（期首ベース）	10%	8%
	ROE（期首ベース）	7%	16.8%
安全性	自己資本比率（期首）	100%	20%

各種財務指標では、ROE以外はA社のほうが優れていることになる。

ここから、株主Y氏の立場からみた両社社長への評価を考えよう。

株主Y氏は現金1,000億円（資本金）を甲氏に委託した結果、成果は70億円（当期純利益）だったので投資利回りは7%（ROE）である。

第1節　最適資本構成　265

一方、乙氏には200億円（資本金）を委託した結果、成果は33.6億円（当期純利益）だったので投資利回りは16.8％（ROE）である。
　株主Y氏にとって投資利回り（ROE）が最も重要であり、それ以外の財務比率は（倒産さえしなければ）関心がない。Y氏は株主として以下のように考えるだろう。
　　○　A社への出資を少なくする（B社への出資を増やす）
　　○　甲氏を解任してA社も乙氏に社長に就任してもらう
　なお、中小企業の場合、株主と経営者が一致するため、経営者が株主に解任されるリスクはない。株主と経営者とが別人の上場企業固有の問題である。
　現実にも2014年に経済産業省が公表した伊藤レポート※では下記のように記述されている（抜粋）。

> 　……特に投資家は、資本コストを意識してROE向上を目指す経営を望む。資本コストは投資家の要求収益率をベースにした価値創造の分岐点であり、その目途を明確に立てて事業に取り組んでほしいと考えている。ROE極大化を目指すかどうかは議論が分かれるが、最低限資本コストを超えるROEを目標にすべきとの考えは共通している。
> 　その目安として、8～10％、グローバル企業は世界の投資家を引きつけるために欧米並（15％レベル）を目指してほしいとの指摘があった。

※　経済産業省「持続的成長への競争力とインセンティブ～企業と投資家の望ましい関係構築～」プロジェクト（伊藤レポート）2014年（https://www.meti.go.jp/policy/economy/keiei_innovation/kigyoukaikei/pdf/itoreport.pdf）

　上場企業の経営責任は「黒字を確保し、雇用を守る」というレベルよりはるかに高いところにある。
　甲氏にとって厳しいものになったが、事業面（ROA、売上高営業利益率）では甲氏のほうが優れている。なぜこのような結果になってしまったのだろうか。甲氏と乙氏との明暗を分けた原因は「資金調達面」である。もし、A

社もB社と同じ資本構成自己資本比率20％だった場合、結果は以下のようになったはずである。

A社	自己資本 100％	自己資本 20％
売上	2,000	2,000
営業利益	100	100
支払利息	0	32
税引前利益	100	68
法人税等	30	20.4
当期純利益	70	47.6

　負債により支払利息の負担が増えた分だけ当期純利益は減少する。しかし、ROE（期首ベース）は7％から23.8％に上昇し、B社の16.8％を上回るのである。これがROEの要因分析（3指標分解等）で登場する「財務レバレッジ」の効果である。

	自己資本 100％	自己資本 20％
ROE＝$\dfrac{当期純利益}{自己資本}$	$\dfrac{70}{1,000}=7\%$	$\dfrac{47.6}{200}=23.8\%$

　自己資本は経営者には「株主から調達した資金」である。その見返りは資本コスト※と呼ばれるもので、リスク投資に見合う水準になるため借入金利よりはるかに高くなる。借入れよりも実質厳しい資金調達なのである。

※　これが投資家要求収益率と関連するもので、CAPM（Capital Asset Pricing Model）はこれを算定する理論の一つである。

2　最適資本構成

　では上場企業にとって自己資本は少ないほうがよいか。たしかに自己資本が少ないほうがROEは高くなるが、その一方で自己資本比率の低下は「倒産のしやすさ」につながる。

　このジレンマのなかで上場企業は自己資本比率を調整することになる（図

図表9−1−1 ROEと安全性は反対の動きをする（数値は架空）

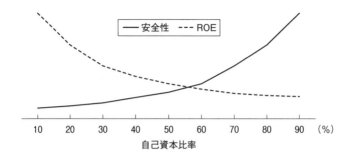

表9−1−1）。

第2節　格付情報と株価

1　格付機関

　企業の信用度を評価する専門機関として格付機関がある。債券の信用度だけでなく、保険会社における保険金の支払能力等も評価する。社債等発行時に格付機関による格付の取得は義務ではないが、実務上必要とされる。

　格付機関は金融商品取引法第3章の3（信用格付業者）に定められており、信用格付業者は金融庁の検査・監督を受けることになる。

　信用格付業者（2023年11月時点）は以下のとおりである。

日本系	日本格付研究所（JCR） 格付投資情報センター（R&I）
外資系	ムーディーズ・ジャパン（Moody's） ムーディーズSFジャパン S&Pグローバル・レーティング・ジャパン S&PグローバルSFジャパン フィッチ・レーティングス・ジャパン

　法的な規制を受けない無登録格付業者も存在し、金融商品を販売するときに利用することもできる。その際には特別の説明事項※が定められている。

※　無登録格付に係る金融商品取引業者等の説明事項は①無登録である旨、②登録の意義、③無登録業者の名称・代表者・所在地、④格付付与の方針・方法の概要、⑤格付の前提・意義・限界を規定（金融商品取引法38条3号、金融商品取引業等に関する内閣府令116条の3）。

2　格付記号

　各格付機関は、各々の定めた記号で格付を行うので、共通してはいない。

図表9−2−1　JCRの長期発行体格付

AAA	債務履行の確実性が最も高い。
AA	債務履行の確実性は非常に高い。
A	債務履行の確実性は高い。
BBB	債務履行の確実性は認められるが、上位等級に比べて、将来債務履行の確実性が低下する可能性がある。
BB	債務履行に当面問題はないが、将来まで確実であるとはいえない。
B	債務履行の確実性に乏しく、懸念される要素がある。
CCC	現在においても不安な要素があり、債務不履行に陥る危険性がある。
CC〜	(略)

(出所)　JCRホームページ「「信用格付の種類と記号の定義」の変更について」(https://www.jcr.co.jp/download/ab97d200555555b92e1b195950a9db09a5eb538b5a559b3420/2012072710.pdf)

　しかし、いずれもAAA（ムーディーズはAaa）を最上位として、BBB（ムーディーズはBaa）までが投資適格、BB（ムーディーズはBa）以下は投機的としている。したがってBBBからBBへの格下げは大きな意味をもつ（図表9−2−1）。

3　格付機関の評価方法

　格付機関は上場企業だけでなく大学等が発行する債券を対象に信用格付を行う、文字どおり「安全性の専門家」である。格付機関の評価方法は公開されているので、その一部を紹介していく。ただし、どの機関も指標だけで判断しているわけではないこと、中小企業を対象にしたものではないことに留意してほしい。

　日本格付研究所（JCR）は業種別に評価方法を開示している。自動車産業を例として「重視する指標」として採用されているものは以下のとおりである。

	重視する指標
収益力	売上高営業利益率 営業利益、経常利益
キャッシュフロー創出力	営業キャッシュフロー、EBITDA 自動車事業のフリーキャッシュフロー 有利子負債／EBITDA 倍率
安全性	自動車事業のネット有利子負債 デット・エクイティ・レシオ

（出所）　日本格付研究所（JCR）ホームページ（https://www.jcr.co.jp/pdf/dm25/Automakers_202308 01_jp.pdf）

「営業キャッシュフロー、EBITDA」と並記されていることからわかるように、EBITDAが利益率ではなく営業キャッシュフローと同じカテゴリーの指標と位置づけられている。デット・エクイティ・レシオは「負債÷自己資本」で負債比率のことである。比率だけでなく営業キャッシュフロー・ネット有利子負債等の金額も重視していることがわかる。

4　依頼格付と非依頼格付（勝手格付）

格付には社債発行体の依頼による依頼格付と依頼を受けないで行う非依頼格付（勝手格付）とがある。非依頼格付の場合、評価に利用できる情報が公開情報に限定されるため、依頼格付よりも低くなる傾向がある。ただ、情報公開が進んでいる現在、この格差は縮小しつつあるといわれている[1]。したがって、依頼格付か非依頼格付かは利用者にとって重要な情報になる。JCRは非依頼格付を「p格付」と称し、格付記号の後に「p」を添付することにしている[2]。

[1]　日本銀行ホームページ「格付格差の現状と背景：依頼格付と非依頼格付、レーティング・スプリット」（https://www.boj.or.jp/research/wps_rev/wps_2007/wp07j03.htm）
[2]　JCRホームページ「「信用格付の種類と記号の定義」の変更について」（https://www.jcr.co.jp/download/ab97d200555555b92e1b195950a9db09a5eb538b5a559b3420/2012072710.pdf）

5　格付は時間の経過とともに変わる

　格付は債券の期日まで不変のものではなく、状況に応じて格上げ・格下げが行われる。したがって発行時に格付が高いからといって債務不履行が起こらないわけではない。

　歴史的には1975年11月にニューヨーク市債がデフォルトした事例において、ムーディーズが同年10月からデフォルトまでの1カ月の間に、A格からB格へ、B格からCCC格へと短期間で2回もの格下げを行った事例がある※。近年ではエンロン事件やサブプライムローンでも同様の事態が生じている。

※　田村香月子「米国における格付批判と格付機関の構造的問題」関西大学商学論集53巻3号

6　格付は機関によって異なる

　格付機関は複数あるので格付も機関によって異なる。ソフトバンクグループに対する日本格付研究所（JCR）の格付は「投資適格」の範囲であるが、スタンダード&プアーズは「投機的」と判断している※。

※　ソフトバンクグループ　ホームページ（2023年11月29日現在）

格付機関	長期債
スタンダード&プアーズ（S&P）	BB−
日本格付研究所（JCR）	A−

　このように格付機関によって「投資適格」か「投機的」かが分かれてしまうこともある。

7　発行体格付と債券格付とは異なる

　格付の低い会社も、担保を設定したり、第三者保証を付与したりすることで格付の高い債券を発行できる。したがって、発行している債券の格付が高いからといって発行会社の信用が高いとはいえない。

8　株価と格付　Level 2

　株価と格付とは基本的には無関係である。株が低くても格付が高いこともある。反対に株価が高くても格付が低いこともある。

　実在するA社（東証プライム上場）の事例をみよう。A社は2023年12月時点での株価純資産倍率PBR（PBRの意味は後述）が約0.4と1を大きく下回っているため株価は高いとはいえない。

　一方、格付機関日本格付研究所（JCR）による発行体格付は「A－安定的」となっており財務的信用に問題はないといえる。実際、A社の連結ベースの自己資本比率は50％を超えている。

　しかし、株価が急落した場合※、その企業にとってバッドニュースがあったはずで、こうしたときは注意を要する。格付機関もその情報を分析した後、格付を引き下げる可能性がある。

※　株式市場全体が急落し、それにつれて急落した場合には、その企業にとってだけのバッドニュースではない可能性もある。株式市場の動向と無関係に急落した場合に注意を要する。

9　PBR、企業評価と貸借対照表との関係

(1)　貸借対照表と企業評価との関係

　市場価格で株式全部を購入すればその会社全部が購入者のものとなる。つまり、株価は上場企業の企業評価そのものである。では株価が「高く評価された」結果か、それとも「低く評価」された結果かを、どう判断すればよいのだろうか。

　株価を解釈する方法はいくつも考案されているが、古典的であり、かつ今日でも使用されている代表的な指標に株価収益率（PER：Price Earnings Ratio）と株価純資産倍率（PBR：Price Book-value Ratio）がある。PERは株価と損益計算書上の当期純利益との関係、PBRは株価と貸借対照表上の純資産との関係を表す。

　ここではPBRについて解説する。財務から企業の価値というと貸借対照表

の純資産をイメージされるだろうが、では本当に企業価値は純資産の金額と一致するだろうか。

```
            B／S
┌─────────────┬─────────────┐
│ 資産        │ 負債        │
│             ├─────────────┤
│             │ 純資産      │
├─────────────┤             │
│ 技術・開発力│             │
│ ブランド    │             │
│ …          │             │
└─────────────┴─────────────┘
```

　日本の自動車会社をイメージしよう。その会社の貸借対照表の資産の部には現預金、売上債権、在庫、機械等の生産設備が計上されている。では、その会社の生産・品質管理技術や開発力が計上されているだろうか。また、その会社が培ってきたブランド力はどうだろうか。

　また、昨今注目を集めている人工知能を開発している会社の貸借対照表には何が計上されているだろうか。開発を担当している「有能な人材」がこの会社の最重要経営資源であることは間違いないが、貸借対照表上にはこの点に関して何も計上されていない。損益計算書上に人件費として計上されているにとどまる。

　これは大企業・先進企業に限ったことではない。町のラーメン屋の経営資源は美味しいこと、清潔さ、接客、立地等、ラーメン屋が繁盛するための重要な経営資源は何一つ貸借対照表には計上されない。簿記・会計には「金額で出入りするもの」しか計上できないという原理的な限界があるためである。

　簿記・会計では記録できない重要な経営資源を含めて（半ば強引に）企業評価額を算定したものが株価（株式時価総額）である。以下、事例を用いて解説する。

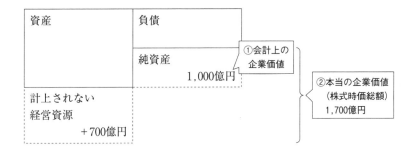

株価純資産倍率PBRとは①と②の比率で、数値を当てはめると以下のようになる。

$$\text{PBR} = \frac{\text{②株式時価総額1,700億円}}{\text{①純資産1,000億円}} = 1.7$$

これは貸借対照表には計上されない経営資源が700億円あるという評価を意味する。

2023年12月下旬の東証プライム全銘柄の平均PBRは約1.3である。これは純資産の30％相当額の「貸借対照表には計上されない経営資源」があることを意味する。

(2) PBRが1を下回ることの意味

PBRが1を下回るということは企業評価額たる株式時価総額が、貸借対照表の純資産を下回ることを意味する。

$$\text{PBR} = \frac{\text{②株式時価総額}}{\text{①純資産}} < 1$$

$$\text{②株式時価総額} < \text{①純資産}$$

これは「貸借対照表には計上されない経営資源」がマイナスであることを意味する。これは異常事態である。前述の「東証プライム上場のA社」では「貸借対照表には計上されない経営資源」が▲447億円あることになる。

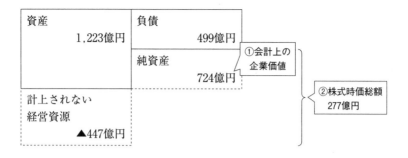

　資産1,223億円がそのまま現金化できるわけではないが、仮に約800億円以上で現金化できるのであれば、277億円で株式100％を取得し、直ちに解散・現金化することで約300億円の現金が残るので、投資利益が獲得できることになる。

　現実にこのような事態が生じる可能性は小さいが、PBRが1を下回るというのは株式投資家が低評価している証左といえる。

10　監査報告書　Level 2

　上場企業は監査法人（公認会計士）による会計監査を受けることが義務づけられている。公表されている財務諸表が適正であれば監査報告書が「問題なしの定型文」で有価証券報告書の最後に添付される。かつては会社が経営難に陥り存続が危うくなってもその状況が隠し事なく決算書に開示されていれば監査報告書には「問題なしの定型文」だけであった。しかし、上場企業の倒産も珍しくなくなった今日、監査報告書にも情報提供機能が求められるようになった。経営危機で存続が危ぶまれる場合、監査報告書には「継続企業の前提に関する重要な不確実性」という記載が登場する。これが記載されるようになった場合、黄信号ではなく赤信号である。

　また、監査法人としても担当した企業に倒産する事態が迫っていたり、それを覆い隠そうとしていたりする経営陣だと、自分たちも株主等から損害賠償責任を問われかねなくなる。その場合、監査法人は「監査契約を打ち切る」ことがある。上場企業の場合、監査を受けられないと上場廃止になるので引き受けてくれる監査法人を探すことになる。要は「監査法人が交代す

る」という事態も安全性評価にとって重要な情報となる。

　ただし、近年は監査報酬を引き下げたいという理由で監査法人を交代する事例も増えている。また、世界的に「契約が長期化することで生じる監査法人と企業との癒着」が問題視され、強制的に監査法人を交代させるルールが検討され始めている。監査法人の交代があった場合にはその理由に注目しなければならない。

第3節　連結財務諸表

Level 2

　本節は連結会計について本格的に学習したことのない読者のために解説する。すでに学習したことがある読者にとっては、前半部分は既知事項かもしれない。

1　連結財務諸表が中心になった理由

(1)　企業評価は連結ベースが基準

　東京証券取引所の上場基準は連結ベースであり、日本経済新聞で掲載されるPER（株価収益率）も株価と連結ベースの利益から計算される。

　また、これまで単体でしか認められていなかった法人税や配当に関しても連結ベースを選択できるように法改正が行われてきた[※1]、[※2]。このように上場企業においてはルールや法規制が連結財務諸表を前提に整備されつつある[※3]。

※1　2022（令和4）年から連結納税制度からグループ通算制度へと改訂された。グループ（連結）の範囲は連結財務諸表より狭く、完全支配関係（持株比率100%）の国内子会社が対象となる。
※2　連結ベースなら配当が増やせるという趣旨ではなく、子会社の業績が悪い場合は単体ベースより分配可能利益を少なくできるという趣旨である。連結配当規制適用会社という。
※3　米国会計基準においては個別財務諸表の公表すら義務づけられていない。かわりに法人格の枠ではなく、事業部門別の状況「セグメント情報」の開示が義務づけられている。セグメント情報は日本の有価証券報告書でも開示が義務づけられている。

(2)　連結財務諸表は「グループ企業の単純合計」ではない

　連結財務諸表は企業グループ全体の財政状態・経営成績を表すといわれている。下記はニッスイ単体の（個別）貸借対照表、連結貸借対照表である。連結貸借対照表はグループ全体を表しているから、資産合計・負債合計ともに単体よりも大きい。しかし、純資産の部の資本金に注目すると（個別）貸

図表9－3－1　ニッスイの（個別）貸借対照表
2023年3月31日現在　　　　　　　　　　　　　　　（単位：百万円）

資産	349,762	負債		221,928
		純資産	株主資本	資本金　　　30,685 資本剰余金　20,592 利益剰余金　66,212 自己株式　　▲401
			評価・換算差額等	10,744

（出所）　ニッスイ有価証券報告書

図表9－3－2　ニッスイの連結貸借対照表
2023年3月31日現在　　　　　　　　　　　　　　　（単位：百万円）

資産	549,013	負債		328,377
		純資産	株主資本	資本金　　　30,685 資本剰余金　21,567 利益剰余金　137,621 自己株式　　▲417
			その他の包括利益	27,385
			非支配株主持分	3,792

（出所）　ニッスイ有価証券報告書

借対照表と連結貸借対照表とは同じ金額である。つまり連結財務諸表はグループ企業の単純合計ではない（図表9－3－1、9－3－2）。両者が一致する理由は後述する。

　連結財務諸表で解説すべきテーマは多岐にわたるが、本節では連結財務諸表の考え方、特に「非支配株主持分」「親会社に帰属する当期純利益」の意味を直感的に理解できるところまで説明する。

(3)　**単体決算書では企業の実力がわからない**
　現在の大企業は、親会社を中心とした複数の株式会社からなるいわゆる企業グループを形成する。単体の決算書では子会社株式は投資有価証券として取得原価で評価することになっており、子会社の経営状況は親会社が受け取った配当金でしか反映されない。

以下、事例を用いて解説する。A社、B社はそれぞれ、資本金1,000億円で子会社a1社、b1社を設立した。a1社は業績好調で当期純利益が200億円であるのに比べて、b1社は当期純利益が10億円とぎりぎり黒字を確保しているにとどまる。明らかにA社とB社との経営状況は異なるはずなのに、単体の貸借対照表には「子会社株式および関連会社株式」に分類されるため、どちらも取得原価1,000億円を計上するだけで差はない。損益計算書にも子会社からの配当金の受取りが計上されるだけである。配当金が同じ（もしくはどちらも配当がない）場合、違いは生じない。

　子会社設立も機械等への有形固定資産への投資と同じである。ただ、投資成果が法人格の外部にある（子会社の利益として計上される）ため、単体の決算書には原理的に反映できないのである。

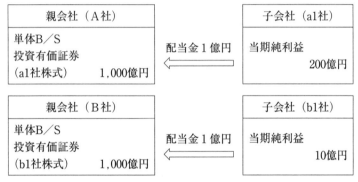

(4) 子会社を利用した粉飾を防止する

　連結財務諸表には「子会社を利用した合法的な粉飾」を暴く効果がある。親会社は子会社の「株主」であるため、圧倒的な優越的立場にある。この立場を利用して、第三者間ではありえないような取引を強制できる。子会社の利益を親会社に吸い上げたり、親会社の損失を子会社に押し付けたりすることで親会社の利益を水増しできる（具体的には以下で詳述する）。困ったことにこれは「違法な粉飾」ではなく、合法の範囲にとどまる。単体の決算書の限界である。

2　分社化すると合法的に粉飾できた

　分社化すると合法的に粉飾できる。連結財務諸表がこれを暴けるのはなぜか。以下、事例を用いて解説する。

　Ａ工業は生産工場と物流倉庫が物理的に離れている。工場で生産された製品を物流倉庫に移動しただけでは、当然にＡ工業の売上にはならない。物流倉庫から外部の顧客に出荷されたものだけがＡ工業の売上である。

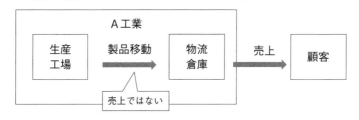

　ここで物流倉庫を販売子会社として独立させよう。いわゆる分社化である。するとこれまで「生産工場から物流倉庫に移動しただけ」だったものが、Ａ工業から別法人である販売子会社への売上になり、利益が計上される（単体ベース）。一方、製品を受け入れた販売子会社には「仕入れ」となり、外部の顧客に販売されなくても「在庫」として計上されるだけで損失は発生しない。この会計処理は粉飾にはならない※。

※　現実の販売部門の独立・分社化は粉飾目的ではなく、経営の効率化という合理的な経営目的のためである。念のため。

　これを悪用すると、売れる見込みのない製品を販売子会社に押し付けることによってＡ工業（親会社）の売上、利益を嵩上げできてしまう。これは合法であっても本質的には粉飾とみなすべきであろう。

　連結決算は分社化によってみえにくくなる経営実態を「グループ内部の取

引を消去」することによって元に戻す。連結決算の本質は「すべての内部取引を除去する」ことにある。

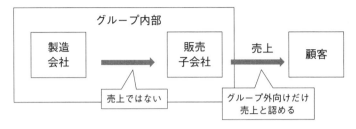

3 投資と資本との相殺

(1) 無限につくれる子会社

1,000万円で資本金1,000万円の会社を無限につくれる。この方法を、事例を用いて紹介しよう。

① 【STEP 1】現金1,000万円でA社を設立する。
② 【STEP 2】A社が現預金1,000万円を出資して子会社A2社を設立する。
③ 【STEP 3】A2社が現預金1,000万円を出資してA3社（孫会社）を設立する。
④ 【STEP 4】STEP 3を繰り返していく。

a 【STEP 1】現金1,000万円でA社を設立する

まず投資家Y氏が普通に現金1,000万円でA社を設立しよう。現預金1,000万円が資産、資本金が1,000万円となる。ここでは負債は0円とする。Y氏はA社の100％オーナーである。

A社

現預金		負債	
	1,000		0
		資本金	
			1,000

282　第9章　大企業固有の問題

b 【STEP 2】A社の現預金1,000万円を出資して子会社A2社を設立する

　ここからがミソである。A社の現預金1,000万円を出資して子会社A2社を設立する。A社の資産は現預金1,000万円から投資有価証券（A2社株式）1,000万円に変わる。A2社は資産が現預金1,000万円、資本金が1,000万円となる。A2社の株主はA社であるが、A社は100％Y氏のものだから、A2社も「100％支配」していることになる（これを間接支配と呼ぶ）。

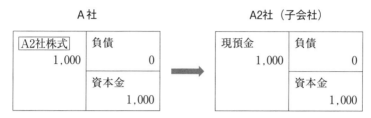

c 【STEP 3】A2社が現預金1,000万円を出資してA3社（孫会社）を設立する

　ここからはSTEP 2の繰り返しになる。A2社の現預金1,000万円を出資して孫会社A3社を設立する。A2社の資産は現預金1,000万円から投資有価証券（A3社株式）1,000万円に変わる。A3社は資産が現預金1,000万円、資本金が1,000万円となる。A3社の株主はA2社であるが、A2社も間接支配で100％Y氏のものだから、A3社も「100％支配」していることになる。

【STEP 4】　STEP 3を繰り返していく。

　以降は繰り返しになるので省略する。このように1,000万円あれば資本金1,000万円の会社は無限につくれる。

(2) 資産はいくらか

　では、Y氏の資産はいくらになると考えるべきだろうか。3社まで設立した場合、3社の貸借対照表を単純合計すると「資産3,000万円、資本金3,000

万円、負債0円」になってしまう。

現預金	1,000	負債	
A2社株式	1,000		0
A3社株式	1,000	資本金	
			3,000

　これは明らかにおかしい。Y氏の財産は現預金1,000万円のままのはずである。そこで「グループ内部の取引を消去」して連結貸借対照表を作成しよう。最初の「Y氏がA社を設立」したのは内部取引とはみなさない。投資家Y氏は外部である。消去すべき内部取引はSTEP 2の「A社がA2社に1,000万円出資」と、STEP 3の「A2社がA3社に1,000万円出資」である。

単純合計

現預金	1,000	負債	
A2社株式	1,000		0
A3社株式	1,000		
		資本金	1,000
			1,000
			1,000

連結貸借対照表

現預金	1,000	負債	
~~A2社株式~~	~~1,000~~		0
~~A3社株式~~	~~1,000~~		
		資本金	1,000
			~~1,000~~
			~~1,000~~

　すると連結貸借対照表は現預金1,000万円と資本金1,000万円だけが残ることになる。これが実態であろう。冒頭で指摘した、ニッスイの個別財務諸表と連結財務諸表との資本金が一致する理由はこれである。

4 「非支配株主持分」の意味

　これまでは100％子会社だけであった。ここからは第三者と共同出資して子会社を設立する状況を考える。ここで初めて「非支配株主持分」「親会社株主に帰属する当期純利益」が登場する。以下、事例を用いて解説する。
　P社とQ社とが共同出資してS社を設立することとなった。P社は900億円、Q社は100億円出資する。

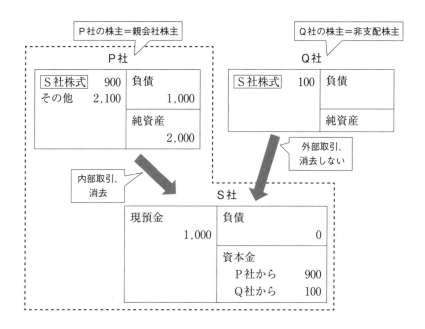

　P社はS社の50％超の株式を所有するので「S社はP社の子会社」とみなされ、連結決算のP社の連結対象会社となる※。共同出資したQ社からみたS社は「Q社の連結対象会社」ではない。

※　株式保有比率が50％を超える株式を保有している場合は子会社、20％以上であれば関連会社という。ただし、子会社かどうかは持株比率だけでなく、役員構成など実質的な支配関係の有無で決定される。なお、関連会社には持分法と呼ばれる会計処理が適用される。持分法についてはここでは解説しない。なお、関係会社は親会社・子会社・関連会社の総称である。

　P社の株主のことを親会社株主、Q社の株主のことを非支配株主と呼ぶ。

　P社の連結貸借対照表では「P社からS社への出資900億円」は内部取引として消去される。「Q社からS社への出資100億円」は外部取引なので消去されない。

　まず、P社とS社の貸借対照表を単純合計しよう。

現預金	1,000	負債	
S社株式	900		1,000
その他	2,100	純資産	
		P社の純資産	2,000
		P社から	900
		Q社から	100

　ここから「P社からS社への出資900億円」を消去する。すると「Q社からS社への出資100億円」が残る。これを非支配株主持分と表記する。

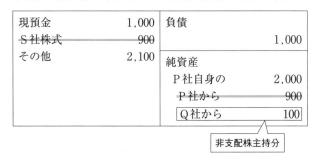

　非支配株主持分は負債ではない。しかし、P社株主のものではなく、Q社株主（非支配株主）のものである。だから純資産の部に計上するもののROEを計算するときの自己資本には含めない※。

※　非支配株主持分は負債でも資本でもないとして、負債と資本との中間に独立掲記されていた時代がある。

5　「親会社株主に帰属する当期純利益」の意味

　「親会社株主に帰属する当期純利益」の論点は、共同出資で子会社を設立する場合に発生する。以下、本節4の事例を用いて解説する。

　本節4における出資のその後、S社が営業を開始し、下記のようなS社単体の損益計算書が得られたとしよう。ここでは議論を簡単にするためにP社とS社とには資本関係以外の取引はない（つまり、消去すべき取引はない）ものとする。

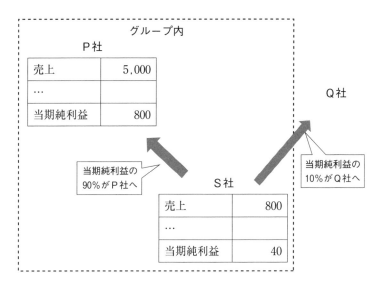

　S社の当期純利益40は持株比率に応じてP社およびQ社のものになる（これを「帰属する」と表現する）。Q社の持株比率は10％なのでS社の当期純利益40億円のうち4億円がQ社株主に帰属する。これを「非支配株主に帰属する当期純利益」という。

　同様にP社の持株比率は90％なのでS社の当期純利益40億円のうち36億円がP社株主に帰属する。これは「消去すべき内部取引」ではなく、S社の外部取引で稼得された経営成果である。ただし、P社株主に帰属するのは子会社の当期純利益の取り分36億円だけではない。親会社であるP社の当期純利益800億円もP社株主に帰属する。つまり合計の836億円がP社株主に帰属する。これを「親会社株主に帰属する当期純利益836億円」と表記することになる。この「親会社」という表現がよく誤解を招く。すなわち「P社に親会社なんかあるのか？」という疑問である。ここでいう親会社とはP社自身のことであって、P社を子会社とする上位存在があるわけではない。

　さて、上記の考え方に基づいて、どのような連結損益計算書を作成すればよいだろうか。最も素直なのは「S社の売上から当期純利益まですべての項目を持株比率に応じて分解して、P社とQ社とに分配する」というものである。これは合理的にみえるが、持株比率が50％を超えることの法的・経済的

第3節　連結財務諸表　287

意味を過少評価している。議決権の過半数を所有しているということは役員の選任などの株主総会の普通決議を思いどおりにできる。配当の分配や特別決議等※が必要な行為を除いて、子会社を100％所有しているのとほぼ同じである。

※ 特別決議とは株主総会で3分の2以上の賛成を必要とする決議。資本金の減少や事業譲渡の承認などきわめて重大な議案。

そこでS社を子会社とするP社の連結損益計算書においては、S社の売上以下を全部取り込んだうえで、「非支配株主に帰属する当期純利益」を控除するかたちで最終的に「親会社株主に帰属する当期純利益」を表示することになる。

	P社	S社	単純合計	連結損益計算書
売上 …	5,000 …	800 …	5,800 …	5,800 …
当期純利益	800	40	840	840
非支配株主に帰属する当期純利益				▲4
親会社株主に帰属する当期純利益				836

6 未公開企業において連結財務諸表をイメージする意義

　連結財務諸表の作成・公表は上場企業に義務づけられているもので、未上場の中小企業において連結財務諸表が作成されることはない。しかし「グループ内部の取引を除去する理由」で説明したように、子会社には粉飾等に悪用される危険性がつきまとうのである。

　未公開企業の場合、実態として親会社・子会社のグループ企業を構成することはまれであるが、経営者が複数の会社を経営することは珍しくない。また架空の取引先を設定しているかもしれない。したがって提示された個別財務諸表だけを分析対象とすると、経営実態を読み誤る可能性が出てくる。

　また、中小企業の場合、会社と家計とは事実上不可分である。個人の住宅ローンの返済が滞ることは会社の経営にも波及するし、逆に会社の危機は個

図表9−3−3　中小企業も連結ベースで把握しなければならない

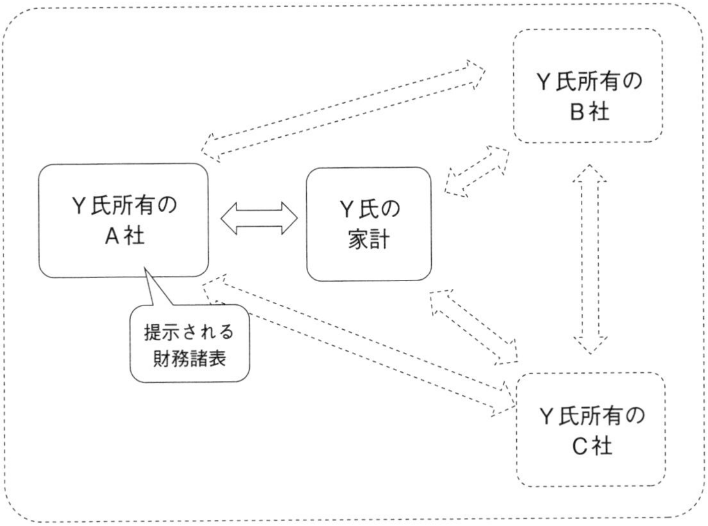

（Y氏所有のA社／Y氏の家計／Y氏所有のB社／Y氏所有のC社　※A社から「提示される財務諸表」）

人の住宅ローンの危機に直結する。すなわち、会社と家計とを連結ベースで考える必要がある（図表9−3−3）。

第4節 三つの会計基準

Level 2

1 日本の上場企業の選択肢は四つ

　2023年現在、東京証券取引所に上場している企業が採用できる会計基準は四つある。日本基準、米国基準（US GAAP）、国際財務報告基準（IFRS）、修正国際基準（JMIS）である。修正国際基準はIFRSを日本国内事情にあわせて修正したものなので、事実上三つの会計基準のなかから任意に選択する。

　そのなかで国際財務報告基準（IFRS）を採用する企業が急速に増加している。東証上場会社約3,800社のうち2022年6月末時点でIFRS適用会社および適用することを決定している会社数は約250社であるが、東証の時価総額に占める比率は50％に迫ろうとしている[※]。

[※] 東京証券取引所「「会計基準の選択に関する基本的な考え方」の開示内容の分析」(https://www.jpx.co.jp/equities/improvements/ifrs/tvdivq00000056g7-att/20220722.pdf)

2 歴史的経緯

　もともとは日本の企業は日本の会計基準に準拠した財務諸表を作成するのが原則であった。しかし、日本企業が資金調達活動を含めて国際的に活動するようになると、日本基準に準拠して作成された財務諸表および会計監査の信頼性が問題視されるようになった。実際2000年頃まで、米国基準に比べて日本の会計基準は十分に整備されておらず、監査法人が行う会計監査のレベルも低く、監査を実施した根拠となる監査調書さえ十分に作成されていなかった。

　日本基準に準拠して作成された財務諸表をそのまま英文に翻訳したものに

は「日本基準に準拠したもの」であることの注記（レジェンド）がされていた。要は「米国基準の水準で作成されていない」ことを自ら申告して法的な責任を回避しようとしたのである（レジェンド問題）。

このような財務諸表で信頼を得られるはずもなく、バブル崩壊後低迷する日本の経済状況と相まって、日本企業が国際市場で資金調達する場合、金利を高めに設定されるジャパン・プレミアムが発生した。そこで国際的に活動している企業は、まず米国基準で財務諸表を作成するようになった。

しかし、米国で大手エネルギー会社のエンロン社の巨額粉飾、および監査法人の不正が発覚する、いわゆるエンロン事件が起こり、米国基準と会計監査に対する信頼も揺らぎ始めた。

この事件を契機に、EUが会計分野における主導権を米国から取り返そうと独自の会計基準の作成・普及を推し進めた。これがIFRS（国際財務報告基準）である。

米国とEUとの主導権争いは「両者が歩み寄り、同じ内容になるように接近すること」、いわゆるコンバージェンス（収斂）で合意がなされた（2002年ノーウォーク合意）（図表9－4－1）。

日本基準もIFRSのレベルに追いつくように改訂を進め、その改訂作業を

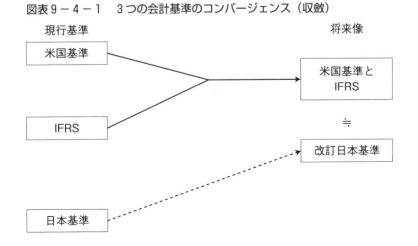

図表9－4－1　3つの会計基準のコンバージェンス（収斂）

図表9－4－2　三つの会計基準の歴史的経緯

EU IASB（IFRS）	米国	日本
1973　IASC（国際会計基準審議会(IASB)の前身）設立 2000　証券監督者国際機構（IOSCO）がIASを承認 2001　国際会計基準審議会（IASB）へ組織強化 2005　EU上場企業強制適用 2007　中国採用 2011　インド、カナダ、韓国	2001　エンロン事件 2002　米国財務会計基準審議会（FASB）と国際会計基準審議会（IASB）がノーウォーク合意を公表。 2006　FASBとIASBが覚書（MoU）を公表。	2000　ジャパン・プレミアム ↕ レジェンド問題 ↕ 2004 2007　東京合意 2010　日本電波工業がIFRS基準による決算公表

続けることを前提に「日本基準がIFRSと同等である」ことを認めてもらえることとなった（2007年東京合意）（図表9－4－2、9－4－3）。

3　日本は官民あげてIFRSへシフト

　日本基準が「IFRSと同等」であるとの合意がなされたものの、企業にしてみれば「それならIFRSを採用したほうが早い」ことになる。これまで米国基準を採用していた企業もIFRSに移行している。

　これは民間企業だけの動きではなく、金融庁も銀行業に対してIFRSに移行するよう促し、それに必要な法令・規則改訂を推し進めている（図表9－4－4）。

4　中小企業は当面は従来どおり

　米国会計基準とIFRSとの主導権争い、デファクト・スタンダード争いは

図表9−4−3　レジェンド問題

> 第3章　国際財務報告基準（IFRS）への収斂の我が国の対応
> ２．我が国におけるコンバージェンスに対する取り組み
> 　(1)　レジェンド問題
> 　2000年ごろに問題となったいわゆるレジェンドとは、発端は明らかではないが我が国の会計基準に従って作成された財務諸表を、外国の利用者の便宜のため米国会計基準や国際会計基準（IAS）の様式に近い様式に調整し、英文で表現する場合、海外の利用者が米国会計基準やIASで作成したものと誤認するリスクを軽減するためにつけられたと言われている。
> 　この背景には、90年代の我が国の経済状況及び1997年のアジア経済危機がある。1997年秋、我が国におけるいくつかの金融機関の破綻に際して、国際的経済専門誌ファイナンシャル・タイムズがWonderland Accounting（不思議の国の会計―「不思議の国のアリス」をもじっている）という記事を掲載し、我が国の監査制度に対する批判を行った。また、1998年5月、世界銀行と国際通貨基金（IMF）はワシントンにおいて当時のビッグ6の代表を呼び、アジアの経済危機に際しての経験に基づき、アジア諸国におけるビッグ6のメンバーファームが、現地国の会計基準で作られた財務諸表にビッグ6の名称でサインをする事は、財務諸表の利用者に当該財務諸表は国際基準で作成されているという誤解を与えることと、今後IASの採用と国際監査基準（ISA）への準拠などの改善方を提案したと伝えられる。

（出所）　日本公認会計士協会「我が国のIFRSの取り組み」（https://jicpa.or.jp/specialized_field/ifrs/education/）

　大企業・上場企業に影響するものの、中小企業には当面無関係である。かといって中小企業が準拠すべき会計基準が存在しないわけではない。日本公認会計士協会、日本税理士会連合会、日本商工会議所、企業会計基準委員会が連名で「中小企業の会計に関する指針」を公表している。
　指針は、大企業と同じ基準を原則としながらも、税効果会計は「重要性がある場合に適用」で強制されない、リース取引に関しては「ただし、通常の

図表9－4－4　金融庁も銀行業のIFRS適用を促している

> (5) 会計基準の高品質化
> 【昨事務年度の実績】
> 　国際会計基準（IFRS）の任意適用企業の拡大促進。
> 　IFRS任意適用企業数（適用予定企業数を含む）は、本年6月末時点で197社（昨年6月末：156社）、全上場企業の時価総額の32.1％（昨年6月末：24.7％）まで増加した（図表Ⅲ－3－(5)－1）。
> 　こうした動きを更に後押しするべく、昨年に引き続き、IFRSへ移行した企業の経験を共有するためのセミナーを本年3月に開催した（主催：会計教育研修機構）。また、銀行業のIFRS適用を促すため、銀行グループがIFRSを任意適用した場合に、銀行法における連結ベースの開示・報告・各種規制についてもIFRSで対応できるよう、昨年11月に銀行法施行規則等を改正した。

(出所)　金融庁「変革期における金融サービスの向上にむけて～金融行政のこれまでの実践と今後の方針～（平成30事務年度）」(https://www.fsa.go.jp/news/30/For_Providing_Better_Financial_Services.pdf)

図表9－4－5　中小企業の会計に関する指針

> リース取引
> 要点
> ・所有権移転外ファイナンス・リース取引に係る借手は、通常の売買取引に係る方法に準じて会計処理を行う。ただし、通常の賃貸借取引に係る方法に準じて会計処理を行うことができる。この場合は、未経過リース料を注記する。
> ・リース料支払時には、元本と支払利息の支払いに区分する。

(出所)　財務会計基準機構、企業会計基準委員会、サスティナビリティ基準委員会「中小企業の会計に関する指針」(https://www.asb.or.jp/jp/wp-content/uploads/sme20230517_02.pdf)

賃貸借取引に係る方法に準じて会計処理を行うことができる」等、例外としながら旧来どおりの会計処理を認める方針を示している（図表9－4－5）。

〈新金融実務手引選書〉
財務分析の手引

2024年10月23日　第1刷発行

著　者　根　岸　康　夫
発行者　加　藤　一　浩

〒160-8519　東京都新宿区南元町19
発　行　所　一般社団法人 金融財政事情研究会
出　版　部　TEL 03(3355)2251　FAX 03(3357)7416
販売受付　TEL 03(3358)2891　FAX 03(3358)0037
　　　　　URL https://www.kinzai.jp/

校正：株式会社友人社／印刷：三松堂株式会社

・本書の内容の一部あるいは全部を無断で複写・複製・転訳載すること、および磁気または光記録媒体、コンピュータネットワーク上等へ入力することは、法律で認められた場合を除き、著作者および出版社の権利の侵害となります。
・落丁・乱丁本はお取替えいたします。定価はカバーに表示してあります。

ISBN978-4-322-14472-7